Net[illegible]ng

para
dummies®

Networking para dummies

Nohelis Ruiz Arvelo

para dummies

Edición publicada mediante acuerdo con Wiley Publishing, Inc.
...For Dummies, el señor Dummy y los logos de Wiley Publishing, Inc. son marcas registradas utilizadas con licencia exclusiva de Wiley Publishing, Inc.

Grupo Planeta
Avda. Diagonal, 662-664
08034 – Barcelona

ISBN: 978-84-329-0477-6
Depósito legal: B. 11.439-2018

Primera edición: septiembre de 2018
Preimpresión: Toni Clapés
Impresión: Huertas Industrias Gráficas, S. A.

Impreso en España - Printed in Spain
www.dummies.es
www.planetadelibros.com

¡La fórmula del éxito!

- Un tema de actualidad
- Un autor de prestigio
- Contenido útil
- Lenguaje sencillo
- Un diseño agradable, ágil y práctico
- Un toque de informalidad
- Una pizca de humor cuando viene al caso
- Respuestas que satisfacen la curiosidad del lector

¡Este es un libro *...para Dummies*!

Los libros de la colección *...para Dummies* están dirigidos a lectores de todas las edades y niveles de conocimiento interesados en encontrar una manera profesional, directa y a la vez entretenida de aproximarse a la información que necesitan.

Millones de lectores satisfechos en todo el mundo coinciden en afirmar que la colección *...para Dummies* ha revolucionado la forma de aproximarse al conocimiento mediante libros que ofrecen contenido serio y profundo con un toque de informalidad y un lenguaje sencillo.

www.dummies.es
www.facebook.com/paradummies
@ParaDummies

¡Entra a formar parte de la comunidad Dummies!

El sitio web de la colección *...para Dummies* está pensado para que tengas a mano toda la información que puedas necesitar sobre los libros publicados. Además, te permite conocer las últimas novedades antes de que se publiquen y acceder a muchos contenidos extra, por ejemplo, los audios de los libros de idiomas.

Desde nuestra página web, también puedes ponerte en contacto con nosotros para comentarnos todo lo que te apetezca, así como resolver tus dudas o consultas.

También puedes seguirnos en Facebook (www.facebook.com/paradummies), un espacio donde intercambiar impresiones con otros lectores de la colección, y en Twitter (@ParaDummies), para conocer en todo momento las últimas noticias del mundo *...para Dummies*.

10 cosas divertidas que puedes hacer en www.dummies.es, en nuestra página de Facebook y en Twitter @ParaDummies

1. Consultar la lista completa de libros *...para Dummies*.
2. Descubrir las novedades que vayan publicándose.
3. Leer en exclusiva los primeros capítulos.
4. Suscribirte a la Newsletter de novedades editoriales.
5. Trabajar con los contenidos extra, como los audios de los libros de idiomas.
6. Ponerte en contacto con la editorial y con otros lectores para intercambiar opiniones.
7. Participar en concursos y ganar premios.
8. Publicar tus propias fotos en la página de Facebook.
9. Conocer otros libros publicados por el Grupo Planeta.
10. Informarte sobre promociones, descuentos, presentaciones de libros, etc.

Descubre nuestros interesantes y divertidos vídeos en nuestro canal de Youtube: www.youtube.com/paradummies
¡Los libros Para Dummies también están disponibles en e-book!

La autora

Nohelis Ruiz Arvelo es estratega de redes de contacto, formadora y conferenciante experta en networking y posicionamiento personal gracias a su capacidad innata para crear entornos y aliados, utilizados como herramientas de *personal branding*. Licenciada en Relaciones Internacionales UCV, DEUG Économie et Géstion, tiene también másteres en Negociación, Marketing y Producto, E-commerce y Redes Sociales. Además, es autora de otros libros sobre networking y posicionamiento personal, conferenciante y emprendedora por decisión y convicción, y fundadora de Planchic. Lleva más de quince años como consultora de Relaciones Públicas, y como especialista en eventos y experiencias fuera de contexto. Ha trabajado en diferentes cámaras de comercio binacionales y en el sector de la automoción. También asesora y acompaña a ejecutivos en el diseño de estrategias de marca personal para lograr proyección y posicionamiento, basándose en sus dones y talentos. Gran parte de su trabajo se centra en el comportamiento de los seres humanos y en la neurociencia, con el fin de enseñar a las personas a proyectarse y a crear relaciones sostenibles en el tiempo.

Colabora con algunas startups y proyectos emprendedores, en Computer World University-IDG, así como en diferentes medios: en el blog Iberoamérica Emprende Casa América, Resilientes Digitales, Latinos Emprendedores en Radio Tentación (91.4 FM), y comparte el programa de radio *Espacio Emprendedores On & Off* junto a Nacho López Llandres en Cadena SER Madrid Norte (89.6 FM).

@NohelisRuizA #Lifehacker #LaMovidaFuturista

Agradecimientos

Los libros de este tipo implican el trabajo de muchas personas que han estado dispuestas a prestarme su tiempo y a transferir sus conocimientos para que yo pudiera escribirlo. Por invertir su tiempo —unos en directo y otros por correo—, quiero dar las gracias a Herminia Ibarra, Laura Martínez e Ivan Minser, Jon Levy, Andy Stalman, Jaqueline Whitmore y Derek Coburn. Por otra parte, no puedo olvidar a José Luis Cordeiro y Marlon Molina por el apoyo que me han dado, por sus aclaraciones y por inspirarme para escribirlo. También quiero dar las gracias a dos personas que aparecieron en mi camino con información valiosa y recomendaciones de algunos autores para completar la visión de este libro: Luis Ángel Tudela y Carlos Kuchkovsky. A Roger Domingo y Carola Kunkel quiero darles las gracias por la oportunidad que me brindaron y por su acompañamiento. Muy especialmente, quiero agradecer la confianza y el apoyo que me ofrecieron Álvaro Gallego y todo el equipo de Wannabot. Estaré eternamente agradecida a Renato Paz Africano por ser, estar y sacarme de apuros, como solo saben hacer los buenos amigos. Tampoco me olvido de todos los que he citado y hago referencia a lo largo del libro.

Por último, quiero dar las gracias a Roberto González Fontenla por su apoyo, sus correos, por conectarme con la editorial, por estar siempre pendiente de los avances y dispuesto a responder cualquier duda. ¡Gracias!

Sumario

INTRODUCCIÓN ... 1
Acerca de este libro ... 2
Iconos usados en este libro ... 2
¿A quién le interesa este libro? ... 2
Para qué sirve este libro ... 3
Cómo está organizado este libro ... 4
Parte I: Guía de inicio para networkers ... 4
Parte II: Sobrevivirán los más aptos ... 5
Parte III: Networking como herramienta de estrategia personal 5
Parte IV: Manos a la obra ... 5
Parte V: Gestión de contactos ... 6
Parte VI: Los decálogos ... 6

PARTE I: GUÍA DE INICIO PARA NETWORKERS ... 7

CAPÍTULO 1 **Conceptos básicos** ... 9
Networking y noción de red ... 10
¿De qué va esto del networking? ... 11
¿Cuál es el objetivo del networking? ... 12
Formas de networking ... 13
Operacional ... 13
Personal ... 13
Estratégico ... 14
Networkers: los tres perfiles profesionales más comunes ... 14
Los personajes que encontrarás en eventos y que debes evitar .. 16
El introvertido ... 17
El adulador ... 17
El parlanchín ... 17
El ególatra ... 17
El quejica o nube gris ... 17
El cotilla ... 18
El borracho ... 18
El BCD del networking ... 18
Amplitud (*breadth*) ... 18
Conectividad (*connectivity*) ... 18
Dinamismo (*dynamism*) ... 19
El principio "ganar-ganar" no funciona ... 20

CAPÍTULO 2 **Beneficios del networking** ... 23
Networking en el contexto empresarial y laboral ... 24
A nivel individual ... 24

Beneficios del networking en el ámbito profesional-individual 24
A nivel corporativo 26
Beneficios del networking para las corporaciones 29
El networking ayuda a expatriados y emprendedores extranjeros 29

CAPÍTULO 3 **Networking como estilo de vida** 33
El placer de conversar e intercambiar ideas 34
¿Cuáles son las principales condiciones que debe tener una conversación para ser de calidad? 35
El intercambio genera riqueza 36
El networking no debe ser la última opción 38
Las redes de contactos deben estar activas 39

CAPÍTULO 4 **Conoce y puntúa tu red** 43
Retoma, nutre y gestiona tu red actual 44
El valor de tu red actual 45
Audita tu red 45
¿Cómo saber si es hora de cambiar y refrescar tu red de contactos profesionales? 50
Puntuación total 51
Círculos de influencia para la gestión inicial de tu red 52
La regla del 5 + 50 + 100 53

PARTE II: SOBREVIVIRÁN LOS MÁS APTOS 55

CAPÍTULO 5 **Habilidades que debes desarrollar** 57
Habilidades relacionales 57
Escuchar de forma activa 58
Ser agradecido 58
Asertividad 59
Respeto mutuo 59
Credibilidad 59
Paciencia 59
Cortesía 60
Saber expresarse 60
Saber estrechar la mano 60
Empatía 60
Habilidades técnicas 61
Marketing 61
Gestión 61
Negociación 62
Psicología 62
Estrategia 62
Habilidades emocionales 62

CAPÍTULO 6 **La neurociencia y el networking** 65
Las relaciones interpersonales potencian nuestro bienestar ... 65
Las neuronas espejo y la empatía 66
Fortalecer las neuronas para relacionarte mejor 68
La sonrisa y el contacto visual 69
El valor de la presencia 70

CAPÍTULO 7 **Actores globales que debes tener en cuenta** 75
Lobby for business 76
Diplomacia corporativa 78
Economía colaborativa 80
Todo lo que precede a la palabra colaborativo debe tener 2 + 1 ingredientes clave 81
Emprendimiento en todas sus formas y colores 82
El futuro y las nuevas tecnologías 85

PARTE III: NETWORKING COMO HERRAMIENTA DE ESTRATEGIA PERSONAL 91

CAPÍTULO 8 **Primero constrúyete a ti mismo** 93
Sobre la marca personal 94
Sobre dones, talentos, defectos y virtudes 98
Todo defecto está unido a una virtud 100
Entonces, ¿qué puedes hacer con ellos? 101

CAPÍTULO 9 **Etapas de la marca personal** 103
Identificación 103
Personalidad 105
Estrategia 106
Los seis pasos clave para plasmar una estrategia 107
Gestión de la marca personal 108
Claridad, coherencia y constancia = reputación 108

CAPÍTULO 10 **Networking y posicionamiento personal** 111
¿De qué va esto del posicionamiento personal? 112
Los cinco reinos del posicionamiento personal 114
La importancia de aportar valor 115

PARTE IV: MANOS A LA OBRA 119

CAPÍTULO 11 ***Welcome to the dark side!*** 121
Etapas del networking 121
1. Conocer 122
2. Gustar 122
3. Confianza 122

4. Comprar – Amistad 123
Los eventos de networking... ¿funcionan? 123
Organiza tus propios eventos de networking 125
Retomar los contactos dormidos 126
Refrescar los contactos actuales 126
Invitaciones dobles 126

CAPÍTULO 12 **Decidido, haré networking** 127
Estrategia 128
¿Dónde estoy? 128
Preparación 129
¿Hacia dónde voy? 129
Los mil y un espacios o plataformas para hacer networking . . 131
El deporte y los negocios 132
Encuentros de *alumni* 132
Eventos, charlas y ponencias 132
Ferias y exposiciones 133
Cámaras de comercio, gremios y asociaciones 133
Parques tecnológicos, *valleys*, *business centers*, *coworking* y clubes de negocios y emprendimiento 133
Cursos, talleres y formación presencial 134
Eventos sociales y culturales 134
Voluntariado y hablar con extraños 134
Seleccionar espacios o plataformas 135
Los nodos más importantes en los eventos de networking . . . 136
El solitario 137
Los pares 137
Los nodos de tres o más personas 137
Networking, la versión *business* de hacer amigos 138
Crear relaciones de confianza 139
Niveles de confianza relacional 139
La confianza 141

PARTE V: GESTIÓN DE CONTACTOS 143

CAPÍTULO 13 **Aspectos clave** 145
La importancia de la gestión de contactos 145
¿Por qué es necesario mantener y gestionar a las personas que incluyes en tu red? 146
No te conviertas en un *big dater* 147
Las redes sociales 148
Selección 149
Clasificación de las redes sociales 150
Para qué sirven las redes sociales cuando hablamos de networking 152
Revisión y optimización de perfiles 153
Huella digital 154

Apps y plataformas de networking, *matching* y gestión de contactos . . . 155

CAPÍTULO 14 **Gestión de contactos a corto plazo** . . . 157
¿Por qué la inmediatez? . . . 157
¿Por qué olvidamos los nombres? . . . 159
Las tres acciones básicas para iniciar la gestión de contactos 160
Las 8 partes de un correo electrónico para la gestión de contactos . . . 160

CAPÍTULO 15 **Gestión de contactos a medio y largo plazo** . . . 163
12 pasos básicos para continuar con la gestión de contactos . . . 164
La regla de las 3G: *Good Project – Good Person – Good Timing* . . . 165
Los referidos y el marketing boca a boca . . . 166
Introducción . . . 168
Contar una historia . . . 168
Llamada a la acción . . . 168
La mejor manera de obtener referidos . . . 169
El invitado perfecto . . . 171
¿Qué tiene de especial un invitado perfecto? . . . 172
El anfitrión perfecto . . . 173
Pero ¿cómo va eso del anfitrión perfecto? . . . 173

PARTE 6: LOS DECÁLOGOS . . . 177

CAPÍTULO 16 **Diez cosas que se deben evitar al hacer networking** . . . 179
La timidez . . . 180
Imponernos . . . 180
El "Ayyy, pobre de mí" y las quejas eternas . . . 181
Noticias desagradables y chistes malos . . . 181
Monopolizar a tu interlocutor . . . 181
Enfocarte en los perfiles más altos . . . 182
Esperar algo a cambio . . . 182
Compartir un contacto sin tener en cuenta la regla de las 3G 183
Acercarte o interrumpir en un momento inapropiado . . . 183
No saber pedir u ofrecer . . . 184

CAPÍTULO 17 **Las diez cualidades de un networker exitoso** . . . 185
Pulido . . . 186
Prepárate para el éxito . . . 186
Cultiva tus relaciones vip . . . 187
Presencia . . . 187
Hospitalidad genuina . . . 187

Deja que tu actitud conduzca tu altitud 188
La red más efectiva es la que puede darse el lujo de diezmar su capital social 189
La solución para los tímidos 189
Disfruta de la profundidad de la diversidad 190
Lidera escuchando 190

CAPÍTULO 18 **Las diez acciones para expandir tu red** 191
Mentoring 192
Conferencias para conocer gente 192
Crea un grupo en LinkedIn o Facebook 193
Pasa un día con un *millennial* 193
Ponte en contacto con un inversor 193
Imparte clases en universidades 194
Ponente, orador, conferenciante 194
Come con ejecutivos de la competencia 194
Comienza un blog y averigua quién lo lee 195
Aprovecha tu próximo viaje de negocios 195

CAPÍTULO 19 **Decálogo sobre la colaboración** 197
La colaboración es pura biología 198
Por naturaleza, primero somos colaborativos 198
La colaboración necesita de meditación 198
La colaboración es un proceso para ir juntos 199
La colaboración en la acción es diferente a ayudar, cooperar o competir 199
La colaboración requiere armonía 200
La colaboración genera abundancia 200
La colaboración va acompañada de transparencia 201
La colaboración se celebra 201
La colaboración no es para todos 201

CAPÍTULO 20 **Los diez trucos para relacionarnos mejor** . . . 203
Aparta el ego 204
Conecta y posiciona a tus contactos 204
Haz que los demás se sientan bien 205
Ayuda a que pasen cosas 205
Saca el máximo partido de la tecnología 206
Enriquece y comparte tu agenda 206
Huye de la gente tóxica 207
Rodearte de buena gente 207
Aprende a reírte de ti mismo 208
Sé sincero y claro con los demás 208

ÍNDICE 209

Introducción

Es probable que, en tu día a día, oigas hablar del networking. Cada vez son más los mandos intermedios de pymes y grandes empresas que se alejan de la comodidad del aire acondicionado. También han empezado a surgir autónomos y emprendedores que no se sienten tan cómodos como los que trabajan por cuenta ajena a la hora de ampliar, crear grupos o generar espacios y conexiones de forma activa e incesante, en beneficio propio o del de las organizaciones que representan. Con este panorama, es fundamental que se creen nuevas formas de hacer negocios. El networking es un poderoso recurso del que puedes echar mano para conseguirlo.

Los seres humanos buscamos el sentido de pertenencia a un grupo y nos asociamos o agrupamos porque nos identificamos entre nosotros o porque compartimos valores, gustos, ideas y pasiones. Este libro pretende despertar tu curiosidad con relación al potencial del networking.

En un mundo donde se desvanecen las fronteras intelectuales y físicas entre personas y tecnologías, entre negocios y clientes, y con un contexto laboral cada vez más ambiguo, las redes de contacto y la colaboración mutua entre pares han dejado de ser una tendencia y se han convertido en una realidad. Cuando se trata de negocios, de un proyecto o de la búsqueda de empleo, la colaboración cumple un papel esencial que te hará destacar y marcar la diferencia para llegar al territorio de posibles clientes, socios, inversores o empleadores y conseguir tus objetivos. ¿Sabías que más del 70% de las personas encuentran empleo gracias a su red de contactos?

Networking para Dummies pretende fascinarte desde una visión humanizada del networking, puesto que ensalza el valor de los seres humanos. Por eso este libro te ayudará a extender tu red de contactos en pro de tus proyectos, negocios, carrera e incluso te servirá en tu vida social. En *Networking para Dummies* descubrirás conceptos y formas de hacer networking nuevos y clásicos, siempre desde una perspectiva personal y plena, con el fin de que puedas crear relaciones duraderas.

Acerca de este libro

Networking para Dummies pretende concienciarte de que el networking es un recurso indispensable que hay que exprimir, dados los grandes avances de la humanidad, las nuevas formas de ser —de lo individual a lo colectivo— y la gran cantidad de nuevos actores, desafíos y formas de hacer —de lo local a lo global—. Pero también lo presenta como una herramienta poderosa que proyectará tu carrera, empresa u objetivo; que a su vez puede tener un impacto directo en tus ingresos y las cuentas de resultado de tu empresa.

Este libro también te servirá como guía para hacer networking, pues presenta las estrategias que te permitirán usar y fortalecer tus virtudes. Estas estrategias integran múltiples perspectivas cimentadas en la excelencia, lo que te hará perder el temor a equivocarte y te permitirá extraer el máximo partido del networking, además de descubrir oportunidades insospechadas.

Iconos usados en este libro

CONSEJO

Fruto de la puesta en práctica, la experiencia en la materia y la información que he podido recabar a lo largo de los años. Junto a este icono encontrarás pequeñas píldoras de información que te ayudarán a completar conceptos e ideas clave.

ADVERTENCIA

Aviso para que tomes nota y evites algunas calamidades.

RECUERDA

Llamada de atención sobre asuntos que debes tener muy presentes.

¿A quién le interesa este libro?

Lo primero que se me viene a la mente es que este libro interesa a todos. Sin embargo, debo admitir que una gran cantidad de personas son verdaderas maestras del networking, unas por necesidad, otras porque forma parte de su estilo de vida y otras no se enteran, pero lo hacen a la perfección.

Si eres de los que saben qué es el networking y lo utilizas, estoy segura de que en este libro encontrarás algunas ideas que puedes poner en práctica. Ahora bien, dejando a un lado a todos esos grandes maestros y astutos conectores, si te identificas con alguno de los siguientes personajes, este libro es para ti:

- Si te estás planteando un cambio laboral.
- Si estás en búsqueda activa de empleo.
- Si eres emprendedor o tienes planes de serlo.
- Si eres trabajador por cuenta ajena.
- Si eres empresario.
- Si necesitas crear alianzas y colaboraciones.
- Si eres autónomo o trabajador por cuenta propia.
- Si tu empresa necesita más clientes.
- Si tu empresa debe mantenerse en el mercado.
- Si necesitas proyectarte como profesional.
- Si quieres ampliar tu círculo social.
- Si eres becario.
- Si eres estudiante.

Para qué sirve este libro

- Para descubrir que el networking es una habilidad que puedes aprender y desarrollar.
- Para conocer el valor real de tu red, sus beneficios y lo que te aporta.
- Para auditar tu red, evaluarla y analizarla.
- Para desarrollar, expandir y fortalecer tu red.
- Para saber cómo y para qué aportar valor a la red.
- Para enterarte de que el verdadero trabajo de networking comienza con la gestión de tus contactos, y mantener y nutrir tu red a lo largo del tiempo.

- Para hacerte reflexionar sobre la importancia del networking.
- Para inspirarte y animarte a utilizar este recurso y asumirlo como estilo de vida.

Cómo está organizado este libro

Los libros de la colección para Dummies no tienen que leerse de principio a fin. Puedes ir directamente a la sección o capítulo que más te interese y avanzar según te parezca para completar la información. Consulta el sumario para encontrar lo que necesites. El libro está escrito de forma que, si quieres, puedes leerlo de cabo a rabo.

Dicho esto, *Networking para Dummies* está dividido en seis partes o secciones:

Parte I: Guía de inicio para networkers

¡Por aquí hay que empezar! En esta parte hallarás algunas premisas que debes tener en cuenta para iniciarte en este mundo. Encontrarás cuestiones intrínsecas del networking (como actividad), de las redes de contacto y de las relaciones. A medida que avances en esta sección, te pueden ocurrir dos cosas: que sigas con la lectura y te entusiasme a hacer networking o que descubras que esto no es para ti y decidas no utilizar el networking como herramienta. ¡Esta última opción no te la aconsejo!

Es la parte más formal, en la que descubrirás que el networking es una especialidad, que hay gente que la estudia y otros que la practican, que tiene fórmulas, conceptos, tipos de redes y opciones para cualificarla.

Parte II: Sobrevivirán los más aptos

Los capítulos de esta sección detallan aspectos técnicos y personales vitales para la gestión y el desarrollo de las redes de contacto, como es el caso de las habilidades que debes poner en práctica para lograr resultados satisfactorios. Por otra parte, incluye aspectos químicos que se activan cuando nos relacionamos con otras personas y será importante tener presentes para crearte oportunidades en relación con los demás.

Además, encontrarás nuevos actores, maneras de comportarnos en sociedad y de hacer negocios, que a su vez están marcadas por formas tangibles e intangibles de relacionarnos, de aprender y de intercambiar información gracias a la tecnología, a la innovación y a otros grandes avances que estamos viviendo. Es necesario que estos nuevos y clásicos actores entren en el terreno de juego para que puedas proyectarte a niveles que no sabías que eran tan importantes y accesibles.

Parte III: Networking como herramienta de estrategia personal

Esta sección está dedicada a la marca personal. Para establecer cualquier estrategia de redes y posicionamiento es necesario saber quién eres, qué quieres, hacia dónde vas, qué aportas. También descubrirás cómo afecta el networking al posicionamiento de la marca personal.

Parte IV: Manos a la obra

¡Que comience la aventura y, por favor, que sea divertida! Una vez tengas claros los puntos que se tratan en capítulos anteriores y tomes la decisión de hacer networking, este capítulo te servirá como guía que incluye los pasos que debes ir dando para encargarte de tu red de contactos actual y comenzar a expandirla. Encontrarás detalles puntuales y descubrirás la esencia experimental del networking.

Parte V: Gestión de contactos

Esta es, sin duda, una de las partes más importantes del libro, donde comienza el networking. En este apartado te recomendaré cómo iniciar la relación con cada uno de los contactos que te vas encontrando en tu camino personal y en tu carrera como profesional o empresario.

Parte VI: Los decálogos

Una de las características de los libros para Dummies es que al final incluyen unas listas muy molonas con información que no te puedes perder. Aquí encontrarás un montón de consejos de algunos referentes del liderazgo organizacional y del networking.

1 Guía de inicio para networkers

EN ESTA PARTE . . .

¿Sabías que hay personas que han logrado darle un tono formal a esta actividad? Pues bien, aquí encontrarás algunas nociones básicas, conceptos, técnicas, fórmulas, principios y premisas del networking. Esta sección contiene claves sobre el networking y las redes de contacto, e incluye información teórica de utilidad que sirve como preámbulo al resto del libro.

Esta parte contribuirá a aclararte muchas ideas y así podrás decidir si vas a asumir el networking como estilo de vida. Hallarás ventajas y desventajas, los tipos de redes y cómo se generan, y los diferentes personajes que te puedes encontrar en los eventos de networking. También incluyo algunos números importantes y las claves de la efectividad del networking a nivel personal dentro de las empresas, y a nivel corporativo, es decir, cómo beneficia a las empresas el networking de empleados y colaboradores.

EN ESTE CAPÍTULO

- Las redes a lo largo de la historia
- Conocimientos básicos del networking
- Diferentes formas y estilos de networking
- El "dar-dar" ha sustituido al "ganar-ganar"

Capítulo 1

Conceptos básicos

En gran medida, conseguir el éxito profesional y personal depende de las personas que nos rodean y de aquellos que nos acompañan. El networking es una actividad que debes realizar con el fin de darte a conocer a un gran número de personas y establecer relaciones fructíferas.

En los siguientes puntos encontrarás conceptos para que veas el networking desde otro punto de vista, ya que, por razones idiomáticas y de simplicidad popular, se ha tomado como una actividad que tiene un principio y un fin, pero en realidad está en constante movimiento. Es decir, es un proceso que se decide hacer después de diseñar una estrategia (ya que es una opción entre otras) para forjar el camino que te llevará a aumentar tu red o *network*.

En la actualidad, solemos oír la palabra «networking» saliendo de la boca de profesionales de todos los sectores, lo que significa que se está percibiendo su importancia en todos los ámbitos de la vida, aunque todavía sea necesario aclarar ciertos conceptos para evitar trampas y errores en los que se está cayendo. Vamos a aclararlos.

Networking y noción de red

Red de contactos, redes eléctricas, red de comunicaciones, red ferroviaria, redes informáticas, red de telecomunicaciones, red terrorista, red de resistencia, red de marcados, red de empresas y un sinfín de redes hacen referencia a esta palabra que se ha usado a lo largo de la historia de la humanidad. La noción de «red» siempre se ha presentado bajo diferentes formas, adaptándose en la cultura popular y haciendo referencia a tendencias coyunturales en diferentes épocas.

En el ámbito de la informática, por ejemplo, el propósito al crear una red es compartir recursos e información a distancia, garantizar la fiabilidad y la disponibilidad de dicha información, y aumentar la velocidad de transmisión de datos reduciendo los costes. Si lo llevamos a la vida cotidiana, una red de contactos o *network* debe fomentar una interconexión real, eficiente y eficaz que nos permita compartir información y recursos en beneficio de todos.

En la actualidad, quizá parezca que el networking es un término nuevo, pero hemos creado redes de contacto desde que existimos como seres humanos. Suena como un término supermoderno, pero es tan viejo como el mundo. Esto me lleva a afirmar que no es más que una herramienta que nos permite poner en práctica nuestras habilidades sociales, aunque únicamente lo haremos cuando nos conocemos y aceptamos nuestros defectos y virtudes. Solo entonces podremos utilizar de forma óptima estas habilidades sociales en cualquier situación de nuestra vida: desde sentarnos frente al maestro en el primer puesto de la clase, pasando por destacar y ser visto o seleccionado para el equipo de fútbol del barrio o que un vecino te eche una mano, hasta conseguir un empleo, un ascenso o una entrevista en la radio para promocionar tu marca o producto.

RECUERDA

El networking debe tomarse como una actividad, ya que es experimental, es decir, evoca a la acción, y sugiere un camino con varias etapas clave. El networking puede verse como el proceso de creación de redes que cuenta con fases que van desde la ejecución y el seguimiento hasta la gestión de la red y de cada uno de sus integrantes.

El networking es una actividad que puede tener un inicio, pero, por sus características, no tiene un final, sino que funciona como ciclos de retroalimentación; es decir, cada cierto tiempo tomamos los resultados obtenidos, los evaluamos y, a partir de ahí, con esta nueva información, contactos y resultados de las acciones aplicadas, volvemos al sistema o red y lo reactivamos. Es lo que podríamos llamar *optimiza-*

ción de la red. Una excelente red de contactos es el escenario ideal, porque te ayuda a proyectarte. En el caso de las empresas, emprendedores y startups más aún, porque, cuando inician sus proyectos, sus redes de contactos se acaban en un pispás.

¿De qué va esto del networking?

Según el diccionario de Cambridge, el networking es el proceso de conocer y hablar con un montón de gente con el fin de obtener información que pueda ayudarte. Pero va mucho más allá, e incluye un trabajo de personalización con el que podrás definir una estrategia para moverte en el mundo actual.

Los seres humanos actuamos guiados por una serie de patrones sociales y culturales definidos por nuestras emociones, creencias, valores e intereses. Es decir, nos movemos por un conjunto que da forma a nuestra personalidad biológica, que además también define nuestro comportamiento y la toma de decisiones. Independientemente del ámbito en el que te desenvuelvas e interactúes, lo ideal es que aciertes diseñando esa estrategia, que le des ese toque personal y humano, sin dejar de ser tú, como profesional serio y respetable, pero auténtico.

Herminia Ibarra, miembro del Foro Económico Mundial y profesora de INSEAD, argumenta que, cuando se trata de avanzar como líder o referente, nuestra red de contactos es la herramienta que nos permite identificar nuevas oportunidades estratégicas y atraer a las personas más aptas para ese fin. Es un canal a través del cual podemos exponer ideas y proyectos que sirvan de apoyo y presten colaboración a los demás.

DEFINICIÓN DE NETWORKING

Una de las definiciones que mejor abarca el significado real de networking es la propuesta por Antoni Porras: "Networking es el arte de crear, gestionar, ampliar y mantener tu red de contactos, vía online (virtual: redes sociales, profesionales, IM, blog, web, etc.) y offline (presencial: eventos, desayunos, comidas y cenas de negocios, encuentros, etc.) de manera sistemática para que ambas partes ganen, se generen sinergias, colaboraciones, negocios, etc., consolidando relaciones duraderas y de confianza".

CONSEJO

Te propongo que veas el networking como una cadena de favores, es decir, que lo asumas como un estilo diferente para intercambiar conocimientos, experiencias y pasiones. He aquí un enfoque clave que puede favorecer la creación de tu círculo de influencia para que juegue a tu favor en lugar de crearte y mantenerte en un círculo vicioso.

El networking no es una actividad exclusiva de una élite, sino que es una herramienta que se puede utilizar en todos los aspectos de la vida. Y aquí me aventuro a enaltecer las habilidades y el saber hacer de políticos, diplomáticos, celebridades, atletas, gente de todos los ámbitos posibles... A fin de cuentas, ellos conocen gente, intercambian información y afinidades, disfrutan de su presencia mutua, les honran y quizá, en algún momento, se encuentran para algún negocio o para recomendarse mutuamente.

¿Cuál es el objetivo del networking?

Pues bien, eso depende del interés de cada persona o empresa. ¿Qué te ha impulsado a leer o curiosear este libro? ¿Han dejado de funcionarte tus estrategias tradicionales para captar clientes? ¿Qué ha ocurrido para que tanta gente se interese por estos conceptos y quiera aplicarlos para alcanzar sus objetivos?

Uno de los objetivos del networking es que conozcas a personas que se conviertan en tus amigos y, de ser posible, que sean influyentes. No se trata de que vayas a eventos en busca de trabajo, a vender o a buscar clientes; hay que hacerlo con sutileza, discreción y, sobre todo, respeto. Debes hacerlo con tu propio estilo, fundamentado en la no agresividad, de forma que puedas crear relaciones verdaderas, duraderas, basadas en la confianza, crear experiencias enriquecedoras que, directa o indirectamente, te sorprendan intercambiando conocimientos, contactos y posibles negocios contigo.

El objetivo es que establezcas relaciones de confianza que se traduzcan en una sólida red de contactos, que lo hagas paso a paso, con el propósito de aplicar diferentes herramientas en la ejecución de esta actividad, permitiendo de forma estratégica que diseñes, desarrolles y gestiones una red capaz de proyectarte y enriquecerte como persona y profesional.

Formas de networking

Diversos profesionales que se dedican al liderazgo organizacional y al networking han logrado darle un aspecto más formal y técnico a esta actividad. Muchos han trabajado el networking clásico durante años y otros siguen estudiando la creación de redes y sus beneficios. En estos trabajos de investigación, y como resultado de la observación de muchos profesionales en esta especialidad, se han identificado tres tipos de networking:

Operacional

El networking operacional es aquel que realizas en tu empresa, entorno profesional o sector que te permite cumplir con los objetivos y tareas asignadas según las exigencias intrínsecas del rol que cumples en tu organización, de forma eficiente y sostenido por las capacidades de tu función en ese entorno o sistema. El networking operacional se trata de establecer las relaciones aptas y adecuadas, basadas en la confianza, con las personas con las que tienes que trabajar; esto con el fin de cumplir con las tareas asignadas que corresponden a tu rol o cargo dentro de la empresa.

Las redes operacionales son la forma más utilizada de networking en el mundo empresarial. En el caso de autónomos o profesionales independientes, por ejemplo, como consultores y abogados, enfocan las redes operacionales hacia gremios e instituciones que complementan su trabajo.

Los contactos o personas clave no son circunstanciales, son personajes impuestos por la estructura organizacional o por el sistema, es decir, son tus pares, colaboradores y superiores donde, además, están muy claras las jerarquías. Por tanto, son redes con un marcado compromiso profesional.

Personal

Es la capacidad de diversificar una red a través del intercambio, es decir, las relaciones que puedas mantener con personas ajenas a tu organización, especialidad o sector. Las personas que integran esta red personal se complementan gracias a intereses personales y proyectos de futuro.

Se trata de desarrollar una red profesional con contactos personales que te proporcionarán otros contactos por referencia y con la información que aportan estas personas de tu red. El valor de una red de contactos reside en los contactos de tus contactos; es una de las premisas del networking.

Los contactos clave no están muy definidos en este tipo de redes, y cuesta identificar a los que son realmente relevantes. No obstante, esta red se desarrolla bajo una absoluta libertad circunstancial por tu parte. ¿Y sabes qué es lo mejor de este tipo de redes personales? Que obtendrás contactos de calidad y te ofrecerán referidos con un enorme potencial.

Estratégico

Esta es la red más importante, pues engloba las dos anteriores. Por lo general, no suele valorarse mucho y los mandos medios y altos la utilizan muy poco. Con esta forma de networking se pretenden unir los puntos necesarios, sabiendo que estás en un entorno profesional y que cuentas con una red a ese nivel; además, debes tener en cuenta tus objetivos. La idea es que traces una estrategia para crear acciones y conexiones relevantes. Identifica tus prioridades y los desafíos a corto y a largo plazo con el fin de crear aliados y conseguir colaboradores.

Los contactos de las redes estratégicas provienen de tus redes operacionales y personales y se orientan a proyectos y eventualidades futuras. Asimismo, las personas más relevantes de tu red estratégica han surgido de un contexto clave a nivel profesional (redes operacionales), pero están formadas por miembros de tus redes personales, según tus intereses y el valor de cada proyecto o eventualidad.

Networkers: los tres perfiles profesionales más comunes

¿Con cuál de estos tres tipos de networker te identificas? En un reciente estudio de Ben M. Bensaou, Charles Galunic y Claudia Jonczyk-Sédès, colaboradores de HBR France y profesores de liderazgo, gestión y estrategia organizacional en ISEAD y ESCP, se resaltan las características y formas de hacer networking de una muestra de ejecutivos. Gracias a este estudio, se ha realizado la siguiente clasificación que coincide con decenas de estudios realizados por otras empresas e instituciones alrededor del mundo.

1. **Los entusiastas, emprendedores relacionales**
   - Les encanta conocer gente.
   - Tienen una estrategia, saben cuándo, cómo y dónde conocer gente.
   - Crean contactos, incluso antes de necesitarlos.
   - Son socialmente hiperactivos y se ocupan de su red más cercana.
   - Son proactivos y diversifican sus acciones.
   - Promueven ideas transversales dentro y fuera de la organización, lo que hace crecer su visibilidad.
   - Sus acciones se dan dentro y fuera de la organización.
   - Privilegian sus relaciones con líderes y personas influyentes.
   - Ofrecen ayuda emocional y técnica a sus pares.
   - Comparten información técnica de forma eficaz con sus subordinados para que vuelvan a su equipo.
2. **Los moderados, ejemplos de equilibrio y prudencia**
   - Son personas que saben apreciar esta actividad, pero desconfían de su poder.
   - La creación de redes se basa en el entorno laboral y se genera gracias a ese entorno.
   - Las relaciones que mantienen se centran en sus tareas, proyectos en equipo y departamentos.
   - La mayoría de su red se relaciona con su función, departamento o grupo.
   - Los contactos más importantes de su red son sus superiores.
   - No se consideran aptos para buscar a personas que no conozcan por el mero hecho de expandir su red.
   - Tienden a ver que su red disminuye con el tiempo.
   - Gestionan y mantienen a sus contactos, incluso después de que termine el proyecto.
   - Buscan oportunidades para explotar relaciones útiles.
   - Son poco dados a pedir favores, como, por ejemplo, que les presenten a alguien o que les recomienden para algún proyecto,
   - Creen que es importante elegir a personas talentosas para que trabajen en su equipo.

3. **Puristas, profesionales que prefieren crear otro tipo de relaciones**

- Les parece muy pesado el proceso de creación de redes.
- Sus objetivos profesionales son más importantes que la creación de redes de contacto.
- Prefieren trabajar con un equipo que les guste y pueda ayudarles a proyectarse en lugar de luchar por las "estrellas".
- No asisten a eventos de networking porque piensan que la creación de redes debe hacerse de forma natural.
- Solo utilizan el networking si su posición o tarea lo requiere.
- Tienden a dejar que sus vínculos se marchiten con el tiempo.
- Su energía relacional se centra en su equipo.
- Son relativamente activos cuando se trata de crear relaciones con clientes, porque así se aprecia la calidad de su trabajo.
- Desconfían cuando hay relaciones cercanas con sus superiores.
- No les gusta mezclar sus contactos internos y externos.

Según el estudio, a pesar de su renuencia al networking, recientemente los puristas han sido promovidos, al igual que los demás participantes en el estudio. No obstante, se observaron algunas desventajas en las redes de los puristas, pues estas se deterioraron y, además, los puristas mostraron menos compromiso organizacional y menor integración entre sus pares, con lo que corren el riesgo de "flotar" dentro de la empresa, teniendo que jugar un papel profesional menos importante de lo esperado.

Los personajes que encontrarás en eventos y que debes evitar

En el día a día nos encontramos con personas que pueden convertirse en un obstáculo para que alcancemos nuestros objetivos. Una frase popular afirma: "Si alguien te pide que le acompañes un kilómetro, acompáñale tres; pero si te retrasa en el camino, no le sigas acompañando". Muchas veces, lo único que deben hacer las personas para que las acompañen es convertirse en alguien "acompañable", es decir, en una persona fácil de acompañar y estos personajes no lo son. He creado una lista de los más populares para que los identifiques y evites estancarte y perder el tiempo en eventos.

Para completar los tipos de personas que seguramente te encuentres en eventos de networking y otras actividades, he incluido una lista de personajes pintorescos. Los hay de muchos tipos, pero si te encuentras con uno de estos, ni te acerques.

El introvertido

Los hay a montones. En lugar de evitarlos, te recomiendo que les des una oportunidad. Son personajes a los que debes abordar lo antes posible y convertirte en su maestro, pues te agradecerán la conversación y la compañía. Los especialistas de networking aconsejamos acercarse a estas personas y ayudarlas a conectar con otras, pero manteniendo un contacto breve, porque, además, siempre están dispuestas a ayudarte y aportar.

El adulador

Ten cuidado. Este personaje sabe que a todos nos encanta que nos colmen de halagos y cumplidos, pero si han pasado cinco minutos y la conversación sigue centrada en los halagos y cumplidos, aléjate cuanto antes.

El parlanchín

Hablar es lo que mejor sabe hacer. Habla y opina sobre todos los temas y es experto en todo; no escucha a nadie y pasa de lo que le puedan aportar otras personas.

El ególatra

Muy parecido al anterior, pero se centra en decir lo bueno que es, echarse flores y contar sus hazañas. Si bien la premisa de las redes es conocer gente nueva y aprender más sobre ella, ten en cuenta que puede ser un arma de doble filo. No pierdas el tiempo acariciando egos ajenos.

El quejica o nube gris

Las quejas no deberían ser el centro de las conversaciones, y menos aún en un evento social o de networking. Todos pasamos por malos momentos y tenemos problemas. Las quejas son uno de los aspectos más corrosivos que existen para la inteligencia emocional. No caigas en la trampa del quejica, porque es muy efectivo convirtiendo la conversación en una crítica colectiva, nada conveniente si tu misión es conectar y ampliar tu círculo de influencia. ¡Sigue tu camino!

El cotilla

Siempre al tanto de los principales acontecimientos sociales y de la vida personal de los demás. Aléjate de estas personas con delicadeza y evitarás convertirte en su personaje de cotilleo favorito.

El borracho

Son muchos los eventos donde se comparte con copa en mano, así que habrá personas que hayan bebido. Las personas que sobrepasen los límites del alcohol no recordarán nada al día siguiente, así que evita relacionarte con estos personajes.

El BCD del networking

Dentro del conjunto de ventajas del networking, encontrarás la perspectiva del trabajo de Herminia Ibarra, a las que la autora llama "The BCDs (Breadth, Connectivity and Dynamism) of Networking Advantage", donde A = B + C + D, que se traduce en que networking es igual a la suma de la amplitud + la conectividad + el dinamismo. Son las cualidades que deben tener tus redes de contacto con sus respectivas ventajas estratégicas, puesto que estas ayudan a intensificar el liderazgo y, por consiguiente, a consolidar la red.

Amplitud (*breadth*)

Relaciones sólidas de confianza con una alta gama de contactos. Es la capacidad de conectar y crear relaciones valiosas con una gran diversidad de personas, no solo con los de tu entorno más cercano o tus pares. Te permites traspasar las fronteras y relacionarte con personas de otros departamentos, conectar con personas de bajos y altos mandos, y con otras unidades o corporaciones.

Conectividad (*connectivity*)

La capacidad de nexo o vínculo a través del cual las personas y grupos pueden conectarse entre sí. Es la capacidad de establecer conexiones con las personas de tu entorno más cercano, es decir, con aquellas con las que existe una relación de confianza. A través de estos contactos, puedes acercarte a diferentes departamentos, equipos, organizaciones o comunidades y estas, a su vez, beneficiarse de tu red.

Dinamismo (*dynamism*)

Un conjunto dinámico de relaciones extendidas que evolucionan a medida que haces networking. Influye en la retroalimentación de tu red y eficacia para desarrollarla a medida que avanzas en tu vida personal y profesional.

RECUERDA

Tendrás más oportunidades personales o profesionales cuanto mejor relacionado estés.

LA FÓRMULA DEL NETWORKING

Yoni Dina es un músico percusionista que colabora como autor en *The Art of Charm*. En uno de sus artículos afirma que, si quieres desarrollar tu red, primero debes desarrollarte como persona. Dina confirma que una red de contactos sólida es muy poderosa, pero que esta se basa en el ser capaz de desarrollarla para su beneficio, y, así, que sirva de soporte a su entorno. La representa con esta fórmula:

Fuerza = masa × aceleración

Si la fuerza es igual a la masa por la aceleración, esas masas son tu producto, es decir, el valor que ofreces; la aceleración son tus redes, tus contactos, tus relaciones; todo esto arroja como resultado la fuerza de la red.

Para Yoni Dina y la mayoría de quienes nos dedicamos a esta especialidad, el networking como concepto está compuesto por dos ingredientes clave: crear y compartir valor, crear valor en tu vida profesional y personal y compartir ese valor con otras personas.
El networking te ofrece la oportunidad de encontrar soluciones a los problemas de los demás y a los tuyos.

Networking es ese "espacio-tiempo" que te ofrece diferentes perspectivas, ideas, experiencias y la posibilidad de aportar soluciones diferentes a un gran número de personas, que a su vez te ofrecerán respuestas y soluciones inimaginables.

El principio "ganar-ganar" no funciona

"Dar-dar" es más evidente y honesto que "ganar-ganar". Te preguntarás qué me traigo entre manos con esta frase y es que esto va de sinergias... Te explico. Cuando los integrantes de una red actúan de forma real y sincera, la energía fluye y se retroalimenta, lo que la fortalece, agiliza y revaloriza de forma exponencial, lo que la convierte en un círculo de influencia que beneficia a todos.

Suponiendo que has seguido todos los pasos, que has preparado tu estrategia y creado un plan, deberías saber qué necesitas, qué buscas, cuándo y dónde vas a ir a buscarlo, cuáles son esos espacios... Tienes tu discurso armado y pulido, tarjetas de presentación y la mejor actitud. Al llegar al evento, sea cual sea el formato que hayas elegido, cada uno de los asistentes también tienen su propia estrategia, con lo cual cada uno juega a su propio juego, con sus normas. ¿Y sabes qué? Si todos juegan a diferentes juegos, no puede haber un ganador. Esto confirma que la teoría "ganar-ganar" no funciona cuando se trata de relaciones, de crear confianza.

"Ganar-ganar" es un principio y una frase muy chula arraigada en la cultura popular, pero que el fondo es una trampa que condiciona cualquier relación. Si tú me das, yo te doy, si tú me ayudas, yo te ayudo. Las relaciones condicionadas nos son reales ni sinceras, se basan en un interés y en ver quién puede obtener más beneficios. Hay muchas personas a quienes les parece que las relaciones deberían ser de esta manera... Te aseguro que con esto lo único que ganas son pequeños objetivos mediocres. Esto agota y desgasta cualquier relación.

Ahora imagínate un evento en el que las personas se escuchan y se preocupan por conocer las necesidades del otro, preguntan cómo pueden ayudarte y tú haces lo mismo con otras personas, y todos están pendientes de saber cómo van a colaborar, a quién te pueden presentar, qué buscar en su agenda para conectarte con personas que realmente necesitas, que saben cuáles son sus herramientas y con cuáles pueden ayudarte. La energía es otra, y es exponencial. Esto garantiza la retroalimentación de tu red, la desarrollas y generas la confianza que requiere cualquier relación a largo plazo. Salen a la luz el agradecimiento y las ganas de seguir aportando, porque tú haces por los demás, los demás ayudan a otros, otros te ayudan y te proyectan...

Tienes que actuar de forma auténtica, realzando los valores de la amistad y el bien común. Esto te ayudará cuando tengas que conseguir algo, obtener una ventaja profesional, dinero, información o una opinión favorable, colaborar y aportar valor a tu red. Hay muchas formas de hacerlo, dependiendo de la persona con quien estás interactuando, del grupo o espacio al que vayas y según los niveles de confianza relacional que tengas con cada uno de tus interlocutores. Se trata, como siempre digo, de convertir a la gente en aliados, a tus clientes y a todas esas personas que te encuentres en el camino.

Podría sonar a utopía, pero no es así. Miles de empresarios y profesionales lo han confirmado. La única forma de saber que esta fórmula funciona es aplicándola. No caigas en la trampa del "ganar-ganar": sirve cuando estamos negociando, cuando queremos repartirnos la tarta o cuando se discute por un territorio, pero no para las relaciones interpersonales. Y de eso va este libro, de crear y desarrollar un círculo de influencia que te garantice el éxito.

En las redes profesionales, es muy importante aportar de forma genuina. Cuando ofreces ayuda, invocas la regla de la reciprocidad, pero también dices: "Tengo valor para darte, y estoy dispuesto a dártelo sin expectativas".

Todos tenemos algo que ofrecer, y siempre hay maneras de ser útiles. Dar sin expectativas implica tomarse el tiempo necesario para conocer a la persona que quieres ayudar. Se trata de entender sus intereses, sus valores, sus sueños, encontrar soluciones. La idea es que te conviertas en un auténtico colaborador sin esperar algo a cambio. ¡Es la manera más genuina de hacerlo!

RECUERDA

Tú también tienes tus necesidades y hay gente que espera que le cuentes qué haces y qué necesitas.

Por último, para saber cómo y a quién ayudar, lo ideal es que hagas dos listas, una de "Favores por hacer" y otra de "Personas a las que ayudar". Ten en cuenta tus dones y talentos, virtudes y valores (después de trabajar tu marca personal), y utiliza los ingredientes clave que encontrarás en el apartado "Economía colaborativa" del capítulo 7. Así sabrás lo que puedes dar y a quién puedes ayudar. Muchas veces pensamos que podemos ayudar a algunas personas y nos desgastamos intentado hacerlo, porque estamos ayudando con aquello que no les podemos ofrecer. Será necesario cambiar a las personas con las que vamos a colaborar tomando en consideración aquello que tenemos en abundancia. Te lo recordaré con un ejercicio práctico en el apartado "Audita tu red" del capítulo 4.

CONSEJO

Prepara bien tu discurso y verás lo divertido que resulta. En menos de lo que te imaginas descubrirás que, en lugar de clientes, conseguirás prescriptores, y tu red se llenará de aliados y colaboradores, no de simples clientes, proveedores, jefes o empleados.

LORENA MEDINA | DIRECTORA NACIONAL – BNI MÉXICO

"¿Cómo te puedo ayudar?" Solo cuatro palabras, pero las más importantes. La mayoría de los empresarios piensan que el networking consiste en conocer personas nuevas, sacar de ellas lo que necesitamos y continuar con la siguiente "víctima". El networking estratégico se trata más sobre cultivar que sobre cazar. Consiste en cultivar relaciones significativas a largo plazo, en ayudar primero a los compañeros de tu red para que logren sus objetivos. Una vez desarrollada una poderosa red de contactos, y apoyados en ella, lograremos nuestros objetivos.

EN ESTE CAPÍTULO

Ventajas de hacer networking

Beneficios para las empresas

Capítulo 2
Beneficios del networking

Te interesa captar más clientes? ¿Trabajas en una pyme o corporación y necesitas nuevas oportunidades de negocio? ¿Cómo es de grande tu red de contactos en el mundo físico y en el mundo virtual? Ya vayas a crear una empresa o startup o bien trabajes para una pyme o corporación, cuanto más nueva o pequeña sea la estructura que estés creando o en la que estés trabajando, mayor será la necesidad de crear contactos y expandir tu red. El networking es fundamental en la evolución de tu carrera profesional y de cualquier negocio.

Parece que el networking está a la orden del día. La actitud hacia el desarrollo de tu red de contactos, la búsqueda de personas influyentes y el valor que se ha otorgado a las relaciones laborales en el desarrollo de una estrategia de carrera varían mucho de un individuo a otro y de una empresa a otra. En este capítulo te presento los beneficios más importantes del networking en el ámbito profesional.

Networking en el contexto empresarial y laboral

A nivel individual

Veamos algunas reflexiones sobre el networking empresarial; el mundo siempre nos impone desafíos, y entre algunos de los retos a los que nos enfrentamos en la actualidad encontramos el tiempo o la falta de este y su paso apresurado, la competitividad, la falta de estrategias personales, la aparición de nuevos actores y un sistema que se está reajustando, además de otros rasgos de mayor peso cuando se trata de posicionamiento y visibilidad empresarial. Contra estos problemas se estrellan empresarios y ejecutivos que, a nivel personal y profesional, tienen un exceso de funciones. Además, se observa una priorización de aspectos vitales de la empresa, lo que provoca que se abandonen otras tareas que, *a priori*, parecen secundarias o menos trascendentes, como la creación y el desarrollo de nuevos contactos profesionales.

La idea es que estés abierto a descubrir y conquistar este potencial personal y, de esta manera, llegues a proyectar el potencial empresarial a través del poder que tiene esta actividad en sí, con lo que pasará de ser algo efímero a convertirse en una constante.

Beneficios del networking en el ámbito profesional-individual

- Obtendrás información potencial del mercado y de tu sector.
- Refuerza tu marca personal y mejora tu reputación.
- Te permite documentar tu valor diferencial.
- Consolida y realza los valores reales necesarios para una sociedad colaborativa.
- Te aporta una nueva dimensión y perspectivas.
- Te ayuda a desarrollar competencias relacionales, técnicas y sociales.
- Refuerza tu confianza y motivación.
- Refuerza tu capacidad de interactuar.

» Aumenta tus posibilidades de éxito.

» Te permite dejar huella en el terreno laboral y en la mente de las personas.

» Hace que tus acciones se aceleren.

» Te permite crear mejores conexiones.

» Te proporciona inspiración y te lleva a elevar las expectativas de tus propios logros u objetivos.

La siguiente figura muestra los resultados de un estudio del Ministerio de Economía español. Certifica que casi un 60 % de los españoles encuentra empleo gracias al networking, es decir, a la mejor forma de buscar empleo (según el último barómetro del CIS realizado en febrero de 2016, con el fin de saber cómo consiguen trabajo los españoles). El papel de los contactos personales y nuestro entorno social y profesional en la intermediación laboral es superior, con diferencia, a cualquier otra forma de encontrar empleo y esto es lo que conocemos como networking o redes de contacto.

FIGURA 2-1 Gráfico que muestra cómo encuentran trabajo los españoles

Fuente: <http://www.elmundo.es/economia/2016/06/07/5755c8f546163f994b8b4614.html>

No cabe duda de que encontrarte con personas fuera de tu entorno habitual es una gran oportunidad de ver y escuchar desde otra perspectiva, descubrir necesidades, tropezarte con ideas ajenas, toparte con ideas novedosas y mucho más, todo lo cual se convertirá en la chispa necesaria para encontrar y dar respuesta y soluciones, lo que encenderá la energía del cambio y la innovación gracias a esas actividades fuera de lo común. Salir de la monotonía activa los sentidos y las alarmas que contribuyen a la percepción de otras realidades y posibles formas de ser y hacer, se activa el genio, se afina nuestra inteligencia personal, lo que permite crear para luego aportar, teniendo primeramente en cuenta lo personal enfocado hacia el entorno.

Existen estudios e informes alrededor del mundo que confirman que una red de contactos de calidad es un tesoro, sobre todo cuando se trata de conseguir trabajo. En un mundo que nos desafía como personas, el networking hace crecer las posibilidades de ser seleccionado y acorta el proceso. Se trata de aprovechar las numerosas ventajas de esta actividad y sacar partido del alcance de tu red. Cuanto mejor relacionado estés, más oportunidades tendrás.

En cuanto te dispongas a trabajar en tu red y salgas a relacionarte con gente de tu sector y de otras especialidades, notarás que existen algunas élites y personas superrelacionadas, además de ser interesantes como profesionales. Todos sabemos que existen ofertas laborales invisibles a las que solo podrás acceder mediante el networking, es decir, desarrollando y nutriendo tu red.

A nivel corporativo

¿Cuántas empresas quisieran tener como empleados a verdaderos diplomáticos empresariales o networkers? El auge de la diplomacia corporativa se ha ido produciendo poco a poco gracias a la aparición de una gran cantidad de actores en la escena internacional y regional, como las nuevas tecnologías, que han cambiado la forma tradicional de relacionarnos.

Empresas públicas, privadas y startups están fichando a personajes influyentes y con talento, con una gran capacidad de relacionarse gracias a la complejidad existente en las relaciones que adquieren con el resto del mundo. Tener que maniobrar y gestionar relaciones complejas entre tantos nuevos actores globales en sectores tan diversos puede convertirse en una hazaña, y esto requiere de planes de acción estratégicos.

Cuando los empleados de una empresa centran sus relaciones en la confianza y establecen relaciones largas y duraderas que sobrepasan la frontera de la transacción —las expectativas de aliados, proveedores, clientes y la comunidad en la que se mueve esta empresa—, el resultado se refleja en todos los ámbitos, incluso en las ventas. Todos los miembros de una empresa son sus embajadores.

Cada empresa, junto con cada empleado, debe encontrar la fórmula adecuada para generar esa sensación de presencia a lo largo del tiempo. Para ello, será necesario que todos los actores de la empresa, todos, salgan a la calle a ampliar esa red de contactos personal y corporativa.

El networking siempre ha existido, pero actualmente se ha convertido en una prioridad para empresas y profesionales autónomos frente a la imposibilidad de darse a conocer en un mundo tan dinámico y global.

Conectores, networkers, diplomáticos corporativos, relaciones públicas... No importa el nombre que le demos, lo que está claro es que los nuevos entornos de negocio, la economía colaborativa, la responsabilidad social empresarial y la proyección que los altos ejecutivos y mandos medios están teniendo en las empresas han provocado que estas se replanteen nuevas formas de alcanzar alianzas, redefinir sus capacidades, seguir siendo relevantes o reforzar sus habilidades con el fin de optimizar su competitividad, tanto a nivel local como regional o internacional.

El networking se ha convertido en un activo que las empresas deben incluir en sus estrategias comerciales y de comunicación, además de que muchas empresas fichan a personas con excelentes redes de contactos, lo cual se conoce como *capital relacional*.

Es fundamental hacer el seguimiento y establecer una estrategia que mantenga el prestigio y la relevancia de estas empresas a través de las acciones individuales de sus empleados. ¿Y sabes por qué? Porque eso les permitirá seguir trascendiendo en estos entornos novedosos e innovadores.

En la siguiente figura puedes observar los datos de un estudio cuyos números ilustran las prácticas, sistemas y opiniones de altos directivos y empresarios. Se realizó hace ya años, pero tiene una significativa validez actual. Me atrevo a decir que esos números han aumentado en relación con su efectividad actual. El estudio y las respuestas que se han obtenido confirman la efectividad del networking, sus leyes y las buenas prácticas, ya que incrementa enormemente los casos de éxito y las posibilidades de negocio.

En la siguiente figura se observa cómo la élite comienza a desarrollar estas habilidades en las escuelas y universidades, lo que demuestra que el networking impacta directamente en el acceso a más oportunidades profesionales e incluso en sus ingresos como profesionales, es decir, en sus posibilidades de obtener mejores salarios. El estudio confirma que el networking es una valiosa disciplina con el poder de producir o materializar ganancias. Ha sido realizado por Pepperdine's Graziadio School of Business Management.

Para validar estos hallazgos, los encuestados en el estudio ExecuNet informaron de cómo habían encontrado sus empleos actuales:

• Red de contactos	70 %
• Ofertas de empleo	16 %
• Alta de CV en plataformas digitales	9 %
• Llamadas en frío a empresas	3 %
• Otras acciones	2 %

"Se percibió un aumento en los servicios de plataformas digitales, pero el 37 % de los ejecutivos nunca los usa o lo hace de forma esporádica. La tecnología puede ayudarle a identificar contactos u organizar conexiones, pero prevalece el contacto humano."

Dave Opton, CEO y fundador de ExecuNet

FIGURA 2-2 Informe Ejecutivo de Inteligencia de Mercado de Trabajo de ExecuNet 2008

Fuente: Professional Networking and Its Impact on Career Advancement.

El networking empodera a los empleados y repercute de forma directa en las personas, en la proyección, prestigio y posicionamiento de la marca personal de cada miembro de la empresa, además de que los inspira para la innovación y la creatividad. Es un recurso muy potente para la productividad y necesario para la generación de nuevos negocios, contratos u ofertas laborales.

Beneficios del networking para las corporaciones

¿Cómo beneficia a las empresas que sus empleados fortalezcan su propia marca personal y utilicen el networking como herramienta? Evidentemente, es un recurso que incide directamente en la productividad, tan necesaria para el aumento significativo de las ganancias de las empresas.

- Al empezar en una empresa, se integran con mayor facilidad.
- Son más ágiles para adaptarse a los procesos y a la cultura de la empresa.
- Fortalecen el sentimiento de pertenencia.
- Pasan a ser los mejores embajadores de la empresa.
- Pueden convertirse rápidamente en *influencers*.
- Mejoran la reputación de la empresa y esta obtiene mayor prestigio.
- Son personas más productivas y creativas.
- Gracias a su red, recomiendan a personas adecuadas, tanto como empleadas como para nuevos negocios.
- Comparten conocimientos para que otros los utilicen.
- Aportan a la empresa tendencias y buenas prácticas.
- Están actualizados con el mercado y sector o especialidad.
- Cuentan con una marcada tendencia al liderazgo y a la toma de decisiones.

El networking ayuda a expatriados y emprendedores extranjeros

El networking ayuda a expatriados, empresas y emprendedores extranjeros en su inserción en la sociedad y en el nuevo mercado. Las cámaras de comercio, las oficinas comerciales y las diferentes delegaciones diplomáticas son nodos naturales para este tipo de relaciones de negocio, espacios establecidos con este fin, a los que se suma la labor del diplomático corporativo. Confirmo su efectividad, pues he trabajado en ellas. Estas oficinas y cámaras binacionales, entre otras asociaciones de profesionales y empresarios, cuentan con líneas de actuación específicas en cada país, dependiendo de las pautas e intereses de los gobiernos y Estados involucrados.

Esto lo comento con conocimiento de causa, del mismo modo que te puedo confesar que el networking es la mejor herramienta que he tenido como emprendedora en el extranjero; yo también me diseñé una estrategia y estas actividades, en sus diferentes formatos, todavía forman parte de mi estrategia personal. ¿Qué te parece?

RECUERDA

Las redes de expatriados son las más poderosas que he conocido, pues, por su naturaleza internacional, no paran de crecer y las personas aprenden en muy poco tiempo el poder de compartir.

Hay diferencias muy marcadas entre un expatriado y un emprendedor migrante. Por ello las plataformas en las que se mueven son completamente diferentes, pero tienen el mismo poder. En los diferentes ecosistemas, el networking hace que la integración de estas personas sea más rápida para que se generen lazos reales entre ellas; además, estas aumentan las posibilidades de negocio de forma exponencial.

El networking es un recurso potente para todas las empresas que quieren instalarse en otros mercados, ya que activa su presencia y multiplica su influencia gracias a una gran cantidad de contactos y oportunidades, crea nuevos aliados y prescriptores, y sus efectos equivalen a los que tiene a nivel personal. Por lo general, las empresas que llegan a nuevos mercados comienzan por entablar contacto directo con la embajada de su país de origen que, en general, cuenta con una oficina comercial y con las cámaras de comercio binacionales, que les ayudan a introducirse formalmente en el país receptor.

LA INFLUENCIA DE LOS LÍDERES GENERA RELACIONES DENTRO Y FUERA DE LA EMPRESA

Alex Pentland es un referente como científico de datos, autor de varios libros, entre ellos *Social Physics: How Social Networks Can Make Us Smarter*, y director del programa de emprendedores del MIT Media Lab. Tras una serie de estudios e investigaciones ha podido verificar que las formas más comunes de cultivar una cultura de alto rendimiento es a través de la influencia que ejercen los líderes, a los que él llama *líderes efectivos*, ya que suelen tener un carisma especial.

Estos líderes son ágiles, enérgicos y se involucran de forma sistemática con todas las personas de su entorno. Son los personajes ideales para diseñar y establecer los patrones de interacción correctos en una empresa u organización, puesto que estos "líderes conectores" pueden articular y manejar las conversaciones dentro de un grupo fomentando el flujo de ideas gracias a los patrones preestablecidos en el mismo.

Los conectores carismáticos cuentan con una característica primordial: son extrovertidos y se interesan de forma genuina por todo el mundo y por todo aquello que los rodea. Según los estudios, su verdadero interés es hacer fluir las ideas, puesto que tienden a entablar conversaciones aplicando la curiosidad y la capacidad de preguntar sobre lo que está sucediendo en la vida de cada persona, cómo están realizando sus proyectos o abordando los problemas y cómo llegan a las soluciones, lo que impacta directamente en el desarrollo de la inteligencia social.

Estos conectores carismáticos logran el flujo de las ideas dentro de los equipos o redes específicas y fuera de ellas, llevando la batuta de las conversaciones gracias a que prestan atención a cualquier idea nueva.

Las redes sociales de estos personajes incluyen a una gran diversidad de personas con el fin de obtener tanta variedad de ideas como sea posible. Aprovechan todos los espacios comunes para conversar de forma activa con los diferentes actores de una empresa, pasando por el portero, vendedores o jefes de otros departamentos, con el fin de enterarse de lo nuevo, de qué les molesta, de qué están haciendo al respecto... Y esto les permite intercambiar ideas.

EN ESTE CAPÍTULO

Crear contactos es como una cadena de favores

La importancia de la conversación

Algunas premisas del networking

Capítulo 3
Networking como estilo de vida

Aprender a expandirse, crear una red de contactos, mantenerla y gestionarla se han convertido en una prioridad para muchos. Nuestro entorno global es cambiante y veloz, es un mundo que nos obliga a adaptarnos de la forma más astuta posible y a actuar con excelencia, aportando valor, siendo relevantes.

Es necesario que te conviertas en un agente multiplicador de información, de esa información que solo tú, como profesional o emprendedor, tienes. Eres el único que conoce tu proyecto o lo has cocreado, formas parte de otros proyectos, buscas el empleo de tu vida u ocupas un cargo y sabes cuál es tu rol dentro de tu empresa o corporación. Encontrar un nicho de negocio, construir un buen producto o servicio, crear una marca o imagen, desarrollar un plan de negocio, identificar el mercado. Todo esto es realmente necesario, pero no puedes olvidar lo más importante: darte a conocer, crearte una marca como persona que proyecta su propio negocio o proyecto, o ser líder en la empresa en la que trabajas, lo que genera un mayor impacto. Se trata de salir a la calle a encontrarte con esas personas que te van a ayudar, que te van a comprar, que te van a recomendar o a contratar.

Todo el mundo tiene algún motivo para hacer networking, y siempre encontrarás el espacio o lugar adecuado para ti. No obstante, el éxito del trabajo dependerá de tus valores y tu filosofía, de aquello que hagas y forme parte de tu estilo de vida. Es decir, cada acción y el volumen de acciones que hagas arrojarán un resultado u otro; es lo que conocemos como *calidad de vida*. El networking, la gestión de tus contactos y hacer que esa red se retroalimente dependerán de esa suma de estilo y filosofía de vida que apliques. Nuestra calidad de vida viene determinada por las personas con las que pasamos más tiempo, las conversaciones y las actividades que compartimos con ellas... Te dejo mi fórmula:

Calidad de vida = Filosofía de vida + Estilo de vida

El placer de conversar e intercambiar ideas

La conversación en el mundo real o virtual es uno de los recursos más importantes que tenemos para relacionarnos. El networking o tu red son perfectos si te centras en buscar respuestas o posibles soluciones a tus problemas o a los de otros, pero requiere de mucha astucia y será necesario que utilices tu capacidad de entablar conversaciones de la mejor manera posible. Esto te permite mostrarte al mundo, comunicar quién eres, escuchar al otro. La capacidad de conversar nos hace humanos, nos permite obtener y dar información que nos nutre como seres sociales, seres vivos; nos invita a la reflexión y al diálogo.

La conversación por curiosidad, con interés real, es una de las acciones más valiosas que existen en la vida. Cuando inicias una conversación y haces preguntas a las personas que te encuentras en el camino de la vida, el mensaje que les envías es que te interesas por ellas. Conversar permite el intercambio de ideas, conocer al de enfrente, sabiendo escuchar y sabiendo hablar. Es escuchar con todos los sentidos, atento a lo que dice esa persona.

El arte de conversar está en saber escuchar y hacer preguntas, ya que esto te permite romper el hielo, y eso siempre se agradece. Es un paso crucial en el inicio del conocimiento mutuo, del descubrir todas las cosas maravillosas que hacen y son esas personas con quienes te encuentras en tu vida social y profesional.

Hay preguntas discretas, indiscretas, abiertas, cerradas, retóricas, rebuscadas y otras muy sencillas.

En el networking virtual o real, la conversación es importante. En el marketing digital y en el *social media* se habla mucho de generar conversación, ya que es una de las claves para lograr seguidores, captar usuarios y posicionarte con tu marca.

¿Cuáles son las principales condiciones que debe tener una conversación para ser de calidad?

- » Demostrar interés mutuo.
- » Escucharse.
- » Evitar las interrupciones.
- » Tolerarse.
- » Estar siempre alerta.
- » Dejar hablar o que el otro se exprese.
- » Ser agradable y amable.
- » Evitar los cambios de tema bruscos.
- » Hablar siempre con claridad.

Pilar Jericó, experta en liderazgo y gestión del talento, afirma que existen cinco niveles de conversación directamente relacionados con la comunicación y que tienen un impacto significativo en la calidad y durabilidad de las relaciones interpersonales.

1. **Conversaciones simples o convencionales.** Se trata de hablar de temas banales y superficiales. Usualmente las utilizamos para romper el hielo en algún evento profesional o en espacios de tiempo cortos y momentos donde no tienes escapatoria. Por ejemplo, cuando nos encontramos con un vecino en el ascensor. Estas conversaciones tienen un matiz de cordialidad.
2. **Para hablar de otros.** Al igual que la anterior, son superficiales, aunque un poco más sofisticadas y con el fin de referirse a comentarios o argumentaciones de otras personas. Aquí también entra el cotilleo, con un componente especial de simpatía. Este segundo nivel no cuenta con suficientes ingredientes para crear relaciones duraderas.
3. **Compartir las propias ideas.** Conversaciones unilaterales que muestran un poco más de la personalidad e ideas sobre temas

comunes a todos o sobre cómo deberían ser las cosas, con un marcado componente analítico personal y en el que no se escucha ni se toma en cuenta a la otra persona.

4. **Para expresar sentimientos.** Conversaciones con cierto grado de intimidad y confianza relacional que surgen con el fin de expresar lo que se siente o alguna situación personal o incluso de vulnerabilidad. No obstante, al igual que las anteriores, no es muy efectiva para crear relaciones duraderas, pues son unidireccionales.
5. **Expresar y compartir sentimientos.** Es el nivel óptimo de conversación cuando se trata de establecer relaciones interpersonales provechosas y perdurables. Está cargada de empatía, se escucha al otro y se intenta comprender, además de hablar de lo que se siente, lo que permite que las personas involucradas conecten. En este nivel de conversación se logran soluciones, respuestas a alguna situación y diferentes perspectivas e ideas.

La conversación es uno de los recursos de los seres humanos para comunicarnos y establecer relaciones interpersonales sostenibles en el tiempo. En la actualidad, estamos experimentando estas conversaciones en otros espacios, como es el caso de plataformas y redes sociales, que nos han permitido conversar con otros niveles de conexión. A fin de cuentas, estas conversaciones están formadas por los mismos componentes. La tecnología nos ha facilitado la gestión de las relaciones y conversar para mantener las redes activas, además de generar la sensación de presencia en la mente de las personas y de nuestra red.

El intercambio genera riqueza

Te sonará a postureo, como una de esas frases que abundan en las redes sociales, pero es una de mis máximas y la repito cada vez que puedo. ¿Sabes por qué? Porque descubrí que conocer gente tiene un efecto maravilloso, sobre todo cuando sales de tu entorno habitual. Mi misión con este apartado es que te des cuenta de que tienes que salir a conocer gente.

El intercambio genera riqueza del ser, intelectual y relacional, lo que incide directamente en nuestro sistema químico y neuronal, lo que permite que impacte en nuestras formas de ser y hacer, y nuestro entorno también se enriquezca. Vayas a donde vayas, siempre tendrás la oportunidad de intercambiar conversaciones con personas diferentes.

Ya sea que viajes o que salgas a conocer gente y a compartir en diferentes espacios y actividades, tu mente se expandirá; y cuando la mente y el corazón se expanden, nunca vuelven a ser como antes.

Si a esto le añades la capacidad de ser curioso y de preguntar, será aún más enriquecedor. Y si aderezas todo esto con un cambio de ambiente o de lugar, los efectos serán extraordinarios.

Una de las razones por las que a muchos emprendedores y trabajadores por cuenta ajena les cuesta horrores mantenerse en sus proyectos y empleos y fracasan es por no crearse una estrategia de gestión de entornos, pero esto también se refleja en las empresas. En un estudio realizado por Oak Power PR, el 72 % de las pymes españolas admite tener problemas en su comunicación externa y el 59 % admite tenerlos en la comunicación interna. El 23 % de las grandes empresas admite tener problemas en la comunicación interna, un porcentaje que aumenta considerablemente cuando se refiere a su comunicación externa, hasta el 52 %. A muchos empresarios y ejecutivos les cuesta mucho dar a conocer su empresa en conferencias y eventos de networking por su carácter tímido e introvertido.

Si observas los datos anteriores, verás que existe un 28 % de empresas que posee una buena comunicación externa, lo que significa que ha creado su estrategia para generar y mantener excelentes relaciones en su entorno económico y social. Este estudio habla de una muestra de empresas en España, pero se traslada a otros países y lo prueban otras investigaciones. Entonces, se trata de intercambiar, conocer, compartir, cambiar de lugar, salir de tu empresa, ya se trate de una estrategia corporativa o de tu estrategia personal.

A nivel personal, pero con un gran impacto en tu vida profesional, debes hacer lo mismo, tener una estrategia centrada en tus intereses a largo plazo. Para ello, son fundamentales tus contactos vip, frecuentar y compartir con personas que tengan grandes ambiciones. Como seres humanos, actores de la sociedad y emprendedores o profesionales, aquí está la clave del capital relacional, en las relaciones enriquecedoras.

Debes frecuentar a gente enriquecedora, relaciónate con las personas que te enseñan a aprender, que te cuentan sus secretos, que te inspiran con sus historias y experiencias. Estas lograrán resaltar tus aptitudes y te ayudarán a brillar. ¡La persona de éxito se rodea de gente entusiasta y ambiciosa, rara, especialista, creativa, innovadora, diferente, experta, triunfadora, única, genial, auténtica, atrevida, singular!

Habiendo ya recorrido parte del camino, estos personajes exitosos y triunfadores han creado equipos competitivos, se rodean de personas honestas que los motivan, que los animan a seguir con sus proyectos, sinceras, que generan y reciben confianza, optimistas por naturaleza, sumadoras y multiplicadoras. ¿Te imaginas lo que debe de ser conectar con estas personas? Solo pueden aportarte experiencias y contactos que harán crecer tu capital relacional, eso es un tesoro invaluable. Riqueza intelectual, emocional y profesional que, si sabes administrar, se convertirán en riqueza material.

ADVERTENCIA

Si sigues en tu entorno habitual, más conocido como zona de confort, con los mismos paradigmas, continúas haciendo lo que siempre has hecho y frecuentas los mismos espacios, no esperes que se produzca un cambio significativo. No se trata de dejar de ver, compartir e ir de copas con tus amigos, sino de integrar a otros actores y actuar con seguridad para crear un gran círculo de influencia en pro de tu vida personal y profesional.

El networking no debe ser la última opción

Las personas y empresas que acuden a esta herramienta en caso de emergencia —es decir, cuando el barco se hunde, porque han caído en una crisis y no consiguen captar clientes o crear nuevos negocios—, lo único que logran es transmitir desesperación.

ADVERTENCIA

El networking no funcionará si lo tienes como "Plan B", y menos aún si lo dejas como "Plan Z". Es una herramienta que deberás tener en cuenta desde el principio de tu vida profesional y al comenzar cualquier proyecto. En cierto modo ya lo haces, pero de manera informal y sin ser consciente de que es necesario mantenerla, gestionarla y alimentarla diariamente.

¿Qué tal si comienzas ahora? Cuanto antes inicies esta actividad, mejor, pues si llegara el momento de pedir ayuda, ya tendrías la mitad del camino recorrido y solo deberías reavivarla. Tu red de contactos es el canal a través del cual proyectarás tus productos, servicios o proyectos, es la que te colocará en la pantalla del radar de las personas, es decir, tu red es el escaparate que te mantiene a la vista de potenciales aliados, empresarios que puedan contratarte o posibles clientes. ¡Aún estás a tiempo!

La consigna es fortalecer las relaciones actuales para que los contactos de tus contactos se den cuenta de tu existencia y comiencen a unirse a tu red; para ello, es necesario trabajar a lo largo del tiempo. Esta red que irás tejiendo te proporcionará el *feedback* que necesitas para cualquier aventura que emprendas, además de que estarás actualizado y sabrás todo lo que sucede allá fuera, al otro lado de los muros de tu despacho.

FRANCISCO ALCAIDE

Francisco Alcaide, en su artículo "Prepárate cuando no haga falta para cuando haga falta estar preparado", destaca lo siguiente:

"La mayoría de la gente recurre al networking cuando la cosa se pone fea: sufre un despido o tiene que echar el cierre a su propia empresa. El refranero, siempre sabio, tiene su versión particular de esta actitud: solo nos acordamos de santa Bárbara cuando truena.

Esa actitud no es la más recomendable por varios motivos:

- Primero, porque se da la sensación de ser una persona que se mueve exclusivamente por el interés.
- Segundo, porque nos lleva a actuar movidos por la ansiedad: hay que recuperar el tiempo perdido, y con ansiedad en el cuerpo no se adoptan las mejores decisiones.
- Tercero, porque, con las prisas, a veces ponemos en un compromiso a las personas, forzando que se rompan las relaciones".

Las redes de contactos deben estar activas

El establecimiento de una red de contactos se puede describir como interacción con otros para intercambiar la información y crear relaciones beneficiosas para tu negocio o para tu vida personal.

Por una parte, la traducción más aproximada de networking (*redeando*) es "trabajar tu red de contactos". Es una actividad, tiene connotación de acción, y debemos trabajarla, implementarla, desarrollarla y gestionarla. Es decir, no puede parar, debe estar en continuo movimiento.

Se trata de un trabajo de implementación, de un proceso para que consolides tu entorno y, además, implica una labor de mantenimiento (seguimiento o gestión) de esa red o redes. Con esto puedes observar que no se trata de una actividad restringida a un principio y un fin, sino al logro de diversos objetivos a medio y largo plazo.

ADVERTENCIA

Una red de contactos solo sirve si se usa. Evita caer en la trampa de coleccionar contactos. Una buena red no se genera coleccionando contactos. Las redes de contactos tienen un objetivo previsto: retroalimentarse. Están formadas por diversos actores que aportan activamente a la red para que se mantenga viva. Tanto las personas como las acciones que realizan dentro de esa red son indispensables para que cumplan su función de forma armoniosa.

¿Cómo se logra esto? Sé proactivo, intenta conocer a tus contactos, genera interés, colabora con información, interactúa en la vida real y virtual, aporta soluciones e intégrate. Una red de calidad es el fruto de muchos encuentros (virtuales y reales), es la suma de pequeñas y grandes acciones que vamos aplicando para desarrollarla y mantenerla activa.

Networking es el acto de crear, desarrollar y mantener una red capaz de aportar una plusvalía a nuestro proyecto, ayudarnos a crear una empresa o aumentar la visibilidad de nuestra marca personal.

Hay redes muy monótonas y conservadoras en las que, por más encuentros y reuniones que se hagan, siempre asisten los mismos, proponen las mismas ideas, intentan resolver los mismos problemas desde los mismos puntos de vista, y dejan a estos profesionales *bind and blind* enlazados por una ceguera que los mantiene en un círculo vicioso. Por eso es tan importante que mantengas activa tu red asistiendo a diferentes tipos de actividades, que vayas en busca de nuevas experiencias que te reporten nuevos contactos y la refresquen. En fin, abraza la diversidad y, si es posible, mantente en un estado beta constante.

RECUERDA

Algunas de las razones por las que es indiscutible que debes mantener activa tu red son que te permitirá reconducir tu carrera o los diferentes proyectos en los que te embarques, estar actualizado y proyectarte como persona y como profesional. Una red de contactos es el escenario perfecto que te expone de forma continua ante aliados o potenciales colaboradores y encargados de las contrataciones, una red activa es una garantía segura a medio y largo plazo. Solo una red activa puede echarte una mano cuando lo necesites.

¿Sabías que un gran número de personas se queda con la información y no la utiliza? En el networking, el paso más importante es la gestión de contactos. La mayoría de las personas no dan este paso, no levantan el teléfono y hacen una llamada, ni envían un correo con una breve nota introductoria. En la parte V, "Gestión de contactos", hablo del tema con detalle.

Además de aportar, que es un derecho y un deber, otra de las acciones para mantener activa tu red es pedir apoyo, favores, ya que el ser humano tiene una necesidad intrínseca de ayudar y sentirse útil. Un buen networker aprovecha todas las oportunidades para dar y recibir de una red, independientemente de requerir ayuda o no. Tu red se mantendrá viva mientras la tejas, la nutras, des y recibas de ella; de lo contrario, dejará de ser útil.

EN ESTE CAPÍTULO

- **Una red no es infinita, tiene valor**
- **Cómo reforzar una red antes de ampliarla**
- **Ejercicios prácticos para auditar una red**
- **Con qué y a quién se puede ayudar**

Capítulo 4
Conoce y puntúa tu red

Eres de los que tiene muchos amigos en la vida real? ¿Tienes muchos seguidores en las redes sociales? En cuanto decidas emprender, quieras cambiar de empleo o estés buscando trabajo porque te hayas quedado en el paro, llegarás a los límites de tu red y te darás cuenta de que no tienes tantos amigos como creías. Los contactos se acaban en un pispás.

Es evidente que, para cualquier aspecto de la vida, una robusta red de contactos es la plataforma perfecta que te ayuda a proyectarte. En el caso de las empresas, emprendedores y startups más aún, porque cuando inician su proyecto, esta red se vuelve finita en un periquete. Así que no puedes darte el lujo de parar. ¿Cuántas veces te va a comprar un producto o servicio la misma persona? ¿Cuántas veces te darán un "Me gusta" a tu contenido en las redes sociales?

Los seres humanos nos agrupamos en busca de ayuda o como complemento a lo que nos falta, creamos alianzas con otros que disponen de cualidades, técnicas o aptitudes diferentes a las nuestras, lo que permite multiplicar las posibilidades de éxito.

Lo lograrás si utilizas un conjunto de destrezas y procesos instintivos y/o aprendidos que te permitan contactar con otras personas con el fin de tejer una red alrededor de tu vida profesional o personal. Esto, a su vez, refuerza un gran tejido de personas talentosas, cada una en su sector, disponibles y dispuestas a apoyarte en alguno de tus proyectos, empresa, startup, empleo, beca, financiación, etcétera.

Retoma, nutre y gestiona tu red actual

"Networking es todo aquello que aumenta el valor de tu red y/o el valor con el que contribuyes y aportas a esa red." Esta es la definición de Derek Coburn en uno de sus artículos para *Harvard Business Review*, "No malgastes tu tiempo en eventos de networking" ("Don't Waste Your Time on Networking Events"). Él, como emprendedor, tuvo que dedicar más atención a los clientes actuales, ya que tenía menos tiempo para desarrollar una red. Derek comenzó a experimentar con sus propias ideas y creó un grupo informal "no-redes", basado en mejorar las relaciones con sus clientes. Esta acción se reflejó de forma positiva en sus estados financieros, ya que triplicó sus ingresos. La pasión de Derek por conectar con profesionales notables le llevó a asesorar y apoyar con estrategias a más de cien CEO en Estados Unidos y a publicar su libro *Networking Is Not Working: Stop Collecting Business Cards and Start Making Meaningful Connections*, en el que invita a las personas a que dejen de coleccionar tarjetas de visita y comiencen a crear conexiones reales y enriquecedoras.

Se trata de tomar tu agenda y comenzar a usarla correctamente, para ir actualizando los datos y reconectar con todos esos contactos, estrechar lazos y, de esta manera, recomenzar esa relación con otra filosofía. Nutrir tu red, la que ya tienes, hará que los contactos de tus contactos vengan a ti, sin necesidad de que le pidas a la red que te presente o te conecte con alguna de esas personas. En las redes sociales funciona de la misma manera: cuando tus seguidores comienzan a interactuar contigo y a compartir la información que difundes, sus contactos llegan a ti sin tener que pedirle a alguien que te conecte.

Lo mismo sucede a nivel empresarial o corporativo: se trata de convertir a los clientes en aliados y, de ser posible, en amigos; de esta manera, se convertirán en tus prescriptores o en clientes recurrentes.

El valor de tu red actual

El valor de tu red estará determinado por la calidad de tus contactos y las relaciones que mantengas con ellos, que, a fin de cuentas, son más importantes que la cantidad. El networking es una herramienta que impacta directamente en tu entorno más próximo e inmediato para enriquecerlo de manera social y afectiva, permitiendo cubrir necesidades básicas como el sentido de pertenencia y el reconocimiento. Por otra parte, un gran porcentaje del valor de tu red lo determinan los contactos de tus contactos, pero no por su actividad o por su capacidad de reacción, sino por sus interacciones dentro y fuera de esa red, y por las conversaciones que fluyen sin mayor esfuerzo.

Audita tu red

El propósito de la auditoría es revisar cómo has gestionado tu red de contactos. Las auditorías juegan un papel relevante, ya que permiten mostrar el estado actual de las redes de contacto. Existen tres propiedades básicas para evaluarlas. ¿Recuerdas el BCD del networking del que te he hablado en el capítulo 1? Pues bien, me refiero a la amplitud, la conectividad y el dinamismo que, gracias a Herminia Ibarra, tenemos a mano para auditar nuestra red y visualizar su calidad, con lo cual podrás determinar sus fortalezas o debilidades y si estas juegan a tu favor o en tu contra.

Cuando haces una lista de tus relaciones, incluso los networkers con más experiencia descubren que no han logrado establecer relaciones con contactos del primer nivel de confianza relacional. En el apartado "Niveles de confianza relacional" del capítulo 12 encontrarás el tema desgranado.

Auditar tu red es un poderoso recurso para identificar nuevas oportunidades estratégicas y crear nuevos contactos para convertirlos en aliados. La primera parte de este ejercicio lo encontrarás en las publicaciones de Herminia Ibarra. Realizar este ejercicio te ayudará a comprobar lo diversas, dinámicas y ágiles que son las conexiones de tu red de contactos. ¿Listo para empezar?

a) Haz una lista de 10 personas con las que hayas hablado de asuntos de trabajo o proyectos importantes durante los últimos meses, les hayas pedido un consejo, hayáis intercambiado ideas o te hayan ayudado a evaluar oportunidades o a planificar estrategias.

1. ____

2. ____

3. ____

4. ____

5. ____

6. ____

7. ____

8. ____

9. ____

10. ____

b) ¿Cuáles son las principales fortalezas de tu red actual?

1. ____

2. ____

3. ____

c) ¿Cuáles son las principales debilidades de tu red actual?

1. ____

2. ____

3. ____

4. ____

5. ____

Muchas personas tienen estos aspectos identificados y asimilados, pero no lo saben, es algo intuitivo o lo hacen de manera informal. Sin embargo, gracias a esta auditoría, tendrás la oportunidad de observar lo ventajosa que es tu red de contactos. Por una parte, porque visualizarás la diversidad de tu red, es decir, la cantidad y calidad de tus contactos. Por otra, porque te permitirá ver su conectividad, es decir, su capacidad de crear conexiones. Y, por último, podrás observar lo dinámica que es tu red y, de esta manera, establecer un plan de acción para desarrollarla y ampliarla. Ahora tienes la capacidad de evaluarla para determinar si es necesario reforzar acciones según tus intereses. Con esta información podrás verificar las fortalezas y observar dónde están y cómo son sus debilidades.

¿Te identificas con alguno de los estilos de la siguiente lista? Si la respuesta es afirmativa, comienza a dinamizar tu red para convertirla en un círculo de influencia.

- Si tus contactos son demasiado homogéneos, si todos son como tú.
- Si tu red se centra en tu pasado, no en tu futuro.
- Si tus contactos son todos internos y todos se conocen entre ellos.
- Si tus contactos no pueden verte haciendo cosas diferentes.

Ahora te propongo la segunda parte del ejercicio que he realizado después de observar, durante años, que la mayoría de las personas no saben colaborar de forma óptima. Esta parte del ejercicio te permitirá asignar otros valores a tu red, desde tu lugar como agente activo que cree en las relaciones y sabe ofrecer, aportar, dar y no solo pedir. Si continúas con la auditoría y realizas esta segunda parte, estarás capacitado para saber exactamente lo que aportas al mundo, a quién ayudas, cómo colaboras y cómo puedes colaborar en el futuro.

d) Vuelve a la primera lista de 10 personas y anota, una por una, a cuántas de estas personas has ayudado, has hecho algún favor o has aportado algo.

1. ______________________________

2. ______________________________

3. ______________________________

4. ______________________________

5. ______________________________

6. ______________________________

7. ______________________________

8. ______________________________

9. ______________________________

10. ______________________________

¿Recuerdas las dos listas que te he sugerido en el apartado "El principio 'ganar-ganar' no funciona" del capítulo 1? Pues bien, ha llegado la hora de hacerlas. Esta parte del ejercicio es trascendental, ya que te permitirá identificar de forma precisa con qué cuentas para ayudar y a quién puedes ayudar. Por lo general, nos cuesta mucho ayudar porque no lo hacemos de la forma correcta. Te cuento esto porque solo puedes ayudar o colaborar de dos formas. Por una parte, con aquello que te apasiona, que haces con excelencia y disfrutas haciendo. Y, por otra, para que la colaboración funcione y no te desgaste, puedes compartir, hacer favores o colaborar con lo que te sobra, con lo que tienes en abundancia o con lo que ya no necesitas.

e) Lista de "Favores por hacer". ¿Cuáles son esas habilidades, cosas y acciones con las que puedes ayudar? Puede que tengas contactos clave en algún sector o institución que puedas compartir para que otros se beneficien de ellos. ¿En qué destacas y dónde puedes ofrecerte a colaborar con algún proyecto o idea?

1. ____________________

2. ____________________

3. ____________________

4. ____________________

5. ____________________

6. ____________________

7. ____________________

8. ____________________

9. ____________________

10. ____________________

f) Lista de "Personas a las que ayudar". Una vez has definido la lista anterior, ya puedes elaborar esta. Identifica en tu red a las personas que puedes ayudar según tus atributos, pasiones, experiencia laboral o según todo lo que tienes en abundancia y de lo que puedes desprenderte.

1. ____________________

2. ____________________

3. ____________________

4. ____________________

5. ____________________

6. ____________________

7. ____

8. ____

9. ____

10. ____

Esta es la forma óptima de colaborar y aportar valor. De lo contrario, te puede desgastar, o quizá no lo hagas desde la excelencia, la abundancia (lo que te sobra y te apasiona), la completitud y la autenticidad.

Ahora, compara estas dos listas y sitúa en tu radar a las personas o instituciones a las que es posible aportar un gran valor. A nivel corporativo y profesional, debería ser una práctica que debes aplicar a todos los miembros y actores de una empresa, ya que garantiza que los equipos sean óptimos y colaborativos.

RECUERDA

A medida que pase el tiempo, retoma este ejercicio para volver a evaluar tu red. Con él, tendrás la oportunidad de identificar tus avances, ver cómo se está desarrollando y valorar su calidad, pues dispondrás de la información adecuada para analizar sus pros, sus contras y determinar si tu red juega a tu favor o en tu contra.

NETWORKING Y ENDOGAMIA

David Barreda, 5 de mayo de 2016, `http://www.procesosyaprendizaje.es`

De la sinergia a la endogamia

Estoy firmemente convencido de que invertir en tu red de contactos es capitalizarla. Darle valor, ponerla en valor. También de que generar una red que te haga crecer es todo un éxito; aquí la cuestión es qué entienda cada uno por *crecer*, o qué entiende la propia red por *crecimiento*. También es clave el concepto de *persona adecuada*, que para unos será alguien con quien tener interacciones nutritivas y para otros será alguien con capacidades "conseguidoras". Cuestión de valores.

(continúa)

(continuación)

Lo que me parece peligroso (y preocupante) es que una red de contactos explícita y formalmente establecida en nombre de la sinergia termine generando endogamia. Esto es, del valor añadido que pudiera generar el propio grupo se pase al enturbiamiento del talento colectivo por no dejar que circule libremente el aire.

Una actitud grupal endogámica es la que no busca recursos fuera porque cree tenerlos dentro, hasta el punto de generar rechazo a la incorporación de nuevas personas, someter a los demás a conformarse con el talento interno, aunque no sea la mejor opción técnica, o incluso exigir el consumo de este talento interno, se necesite o no.

Y entiendo que en un contexto tan volátil y ambiguo como el que vivimos, nos sintamos amenazados y tendamos a juntar nuestros culos para defendernos, y que cuanto más grande sea el culo al que nos arrimemos más seguros nos sentiremos (y ojo, porque cuantos más culos pequeños tenga pegados ese "culo grande", más grande será y más consolidada tendrá su posición). Ahora bien, este agrupamiento de culos, ¿es la forma más ágil de afrontar el nuevo escenario profesional que se está configurando?

¿Cómo saber si es hora de cambiar y refrescar tu red de contactos profesionales?

Con frecuencia nos encontramos con las mismas personas en los mismos lugares, y esto nos puede llevar a obtener las mismas soluciones o respuestas a nuestros problemas y a los de nuestra red. Es posible que, a simple vista, lo percibas y lo sepas; si es el caso, lo mejor será que comiences a reactivar y refrescar tu red haciendo networking en diferentes lugares.

De cualquier forma, aquí te dejo un ejercicio que puedes hacer anualmente para evaluar el estado de tu red de contactos. La experta e investigadora Herminia Ibarra, autora de varios estudios sobre liderazgo y networking, propone una lista de preguntas que podrías plantearte para saber si es necesario o no refrescar tu red. Son preguntas sencillas, de respuesta simple, que te permitirán descubrir si tu red necesita un cambio. Puedes responder con sí o no. Al final de la lista encontrarás la ponderación del resultado que te permitirá descubrir si necesitas refrescar o dedicar más esfuerzo a fortalecer tu red de contactos. ¿Listo para responder? Solo tardarás un minuto.

1. ¿Tu industria o sector ha cambiado mucho en los últimos años? _________
2. ¿El liderazgo de tu empresa ha cambiado? _________
3. ¿Tu compañía ha crecido o reducido su tamaño recientemente? _________
4. ¿Estás experimentando un gran esfuerzo de cambio? _________
5. ¿Tú o tu empresa tenéis nuevos competidores que no existían hace años? _________
6. ¿La tecnología está cambiando la forma de hacer negocios? _________
7. ¿Necesitas interactuar con más partes interesadas para hacer tu trabajo? _________
8. ¿Has estado en el mismo trabajo durante más de dos años? _________
9. ¿Te han enviado a talleres o cursos de liderazgo? _________
10. ¿El negocio se está internacionalizando? _________

Puntuación total

Una vez hayas respondido, sitúa el rango sobre el que está la puntuación total que has obtenido. Según el número de síes, podrás ver el estado actual de tu entorno profesional:

Entre 8 y 10: Tu entorno está cambiando o ha cambiado drásticamente, y tu liderazgo también debe cambiar.

Entre 4 y 7: Tu entorno está cambiando de manera importante y, con él, las expectativas para que tomes las riendas del liderazgo y avances.

3 o menos: Tu entorno está experimentando cambios moderados; prepárate para cambiar tus expectativas en breve.

Si has entendido bien las preguntas de este ejercicio y sus ponderaciones, parece que sean una constante. Es decir, esta lista de preguntas nos lleva a confirmar que el cambio ya no es eventual o circunstancial, sino que es permanente, por lo cual no puedes parar. Al final, todas las ponderaciones te invitan a estar alerta y a activarte.

RECUERDA

Las redes activas se retroalimentan y refrescan de forma natural; si las mantienes en constante movimiento, evitarás invertir tiempo y esfuerzo en refrescarlas.

No podemos negar que los tiempos que vivimos son apresurados, que estamos interconectados y que, además, este movimiento es exponencial. ¿Sabes por qué, desde hace un tiempo, los CEO, directivos y altos ejecutivos son más importantes que las marcas? Porque tienen la capacidad de gestionar relaciones fuera de su entorno, traspasando fronteras, y logran difundir, intercambiar y vender ideas.

Círculos de influencia para la gestión inicial de tu red

Los círculos de influencia son métodos para gestionar tu red de contactos, sobre todo si acabas de iniciarte en esto del networking. Lo propone Judy Robinet, conocida como "la superconectora", en su libro *Networking estratégico.* Su fin es convertir tu red en un círculo de influencia o de poder y que cada miembro de esa red, nodo o grupo sea un beneficio para ti. Esta regla se sustenta en la calidad y en el potencial de tus contactos, te obliga a ser un poco astuto al gestionar tu red, sabiendo que es más fácil hacerlo con cinco personas diariamente que con la totalidad de tu red. Se trata de priorizar a las personas con las que tienes más acercamiento e interacción.

Debes organizar y gestionar tus relaciones estratégicas según este modelo, sobre todo cuando empiezas, sin olvidar que tendrás que expandir y desarrollar tu red, es decir, que puedes usarla para comenzar por un año, por ejemplo, mientras encuentras tu fórmula ideal para desarrollarla.

Para aplicar este método, será necesario que evalúes tu red actual y selecciones después a las personas que forman parte de este círculo. Trata de eliminar de tu red a las personas tóxicas o a las que no te aporten un valor real.

La regla del 5 + 50 + 100

- Las 5 principales: personas cercanas y de confianza con las que interactúas a diario, con las que te comunicas y compartes tu vida cotidiana e individual.
- Los 50 fundamentales: personas con las que mantienes relaciones de valor y de gran significado en tu vida profesional.
- Los 100 vitales: personas con las que te comunicas una vez al mes, relaciones que generan un beneficio mutuo que nutre la relación profesional y personal.

RECUERDA

Se trata de conectar y crear relaciones de alto valor que ayuden a que tu camino y proyectos tengan éxito, que te permitan convertir tu red en un círculo de poder e influencia.

2

Sobrevivirán los más aptos

EN ESTA PARTE . . .

Estar preparados para enfrentarnos a cualquier eventualidad y con la mejor actitud es clave para no desaparecer. Los dos primeros capítulos de esta parte se centran en aspectos individuales fundamentales, como las capacidades técnicas y emocionales que intervienen cuando se trata de llevar a cabo tareas con un impacto directo en nuestras relaciones, sobre todo cuando queremos contactar de forma óptima con las personas. Descubrirás algunas de forma explícita, funciones neuronales responsables de la calidad de nuestras relaciones. También te hablaré sobre el poder del contacto directo y de las relaciones en el mundo analógico, no a través de plataformas virtuales.

En el último capítulo de esta parte se enumeran cinco nuevos y no tan nuevos actores que debes mantener en tu radar. Algunos son ecosistemas de gran validez actual, por lo que debes tenerlos en cuenta para tu estrategia de networking. Gracias al valor de algunos de estos ecosistemas, y en virtud de algunos nuevos agentes, esta parte te permitirá visualizar nuevas formas de relacionarte de "tú a tú" con el resto del mundo. Tienes ante ti una gran oportunidad para proyectarte, intercambiando información, optimizando los tiempos y los costes gracias a grandes avances tecnológicos y filosofías que te permitirán hacer negocios y relacionarte.

EN ESTE CAPÍTULO

El impacto de las habilidades sociales

Habilidades técnicas para el networking

La importancia de regular las habilidades emocionales

Capítulo 5

Habilidades que debes desarrollar

¿Estás bien conectando con las personas? A lo largo de la vida, te encontrarás en situaciones en las que, gracias a tu red de contactos, lograrás el éxito, o por lo menos llegarás a donde quieras llegar. Cualesquiera que sean tus fortalezas o debilidades, siempre puedes mejorar y desarrollar otras habilidades y utilizarlas para optimizar tu red de contactos.

Las habilidades son importantes, sin duda, pero no son lo único que debes dominar. Existen otros factores no menos relevantes en los que debes pensar a la hora de tomar la decisión de hacer networking. No obstante, en este capítulo te presento las habilidades más importantes que debes tener presentes. ¡Toma nota!

Habilidades relacionales

No es un secreto que algunas habilidades ayudan a los seres humanos a tejer redes y crear relaciones positivas con las personas. Es fundamental contar con la capacidad de establecer lazos y conservar amistades a través del tiempo, mantener relaciones óptimas a nivel familiar e identificar las relaciones tóxicas e interrumpirlas, de ser posible, como mejor se pueda. Las habilidades relacionales aportan estabilidad física y emocional a los seres humanos y tienen un gran impacto en nuestra comunidad o entorno.

Desarrollar estas habilidades te permitirá reafirmarte y encontrar tu espacio dentro de un grupo profesional o a nivel social, es decir, te permitirá crear relaciones personales de calidad y, así, cooperar con tu entorno. El desarrollo de estas capacidades te llevará a adoptar aptitudes y competencias sociales para que te involucres, de manera que generes un impacto positivo en los diferentes ámbitos de la vida, lo que, a fin de cuentas, producirá ese sentimiento de pertenencia que todos necesitamos.

Desarrollar y aplicar estas habilidades fortalecerá tus relaciones interpersonales para que sean de calidad y cumplirá un papel primordial en el logro eficaz de tus objetivos, además de que son las habilidades necesarias para entrar en cualquier grupo. Adopta actitudes clave para el comportamiento social, como la cooperación, ayuda mutua, amistad, solidaridad, asistencia, pertenencia y confianza, entre otras; con ellas irás desarrollando relaciones saludables, satisfactorias, que anulen los juegos de poder, la manipulación y que acorten las distancias entre las personas. Seguidamente te enumero las más importantes.

Escuchar de forma activa

Saber escuchar, dejar hablar y prestar atención a lo que dicen tus interlocutores... Saber escuchar es un don, se trata de honrarte a ti, permitiendo que el otro se exprese. Es darte el permiso que necesitas para saber quién es esa persona que tienes delante. "Es más efectivo saber escuchar que dejar hablar." No es lo mismo, y si lo hacemos con placer y agradecidos, crearemos un impacto mágico en nuestro interlocutor y la relación comenzará con buen pie. Mostrar al otro que realmente te importa y que tienes en cuenta sus ideas puede hacer milagros. ¡Esta es la clave!

Ser agradecido

Ser agradecido siempre, pero sobre todo cuando te presentan a alguien o al recibir apoyo de otros. La gratitud genera un impacto positivo en el otro. No somos conscientes, pero si no lo hacemos, el ego salta para recordarle al otro que no nos ha dado las gracias. Esta gratitud debe ser sincera y real, debe salir de forma espontánea; cuanto menos forzada, mejor. Da las gracias por haberte tenido en cuenta, porque hayan invertido su tiempo y energía en ese acto maravilloso de conectarte con quienes ellos consideran conveniente (según lo que tú les transmitas). En fin, sé agradecido, porque gracias a esto puedes confirmar que tu marca personal funciona, estás dejando huella y este es el resultado. Ser agradecido les confirmará que están ayudándote y es una necesidad de los seres humanos, lo que te lleva a enaltecer esta relación.

Asertividad

La asertividad es una de las habilidades sociales más importantes y se encuentra justo entre la pasividad y la agresividad. Se trata de expresar tu opinión, defender tus derechos y/o creencias de forma apropiada respetando la opinión de los demás. Existen técnicas para convertirte en una persona asertiva, si aún no lo eres. La que mejor funciona es la que logra desarmar a la otra persona con un halago o cumplido para emitir tu opinión o defender algún derecho.

Respeto mutuo

Uno de los mejores recursos que he encontrado y que tenemos a mano para aceptar al "otro" es la capacidad de ser curioso, de preguntar e interesarnos de forma auténtica por el otro. Surge de la reciprocidad; las personas están más dispuestas a relacionarse contigo si les demuestras aceptación. Se trata de ver y sentir al ser y aceptar el hacer, sus valores, acciones, ideas, formas y colores. El respeto tiene un efecto aún más profundo cuando sonreímos. La sonrisa y el contacto visual denotan aceptación y respeto mutuo. Sobre ello se profundiza en capítulo 6.

Credibilidad

La credibilidad se da gracias a tu reputación y a todo lo que has hecho y dejado de hacer a lo largo de tu vida. Cuando demuestras que eres una persona creíble, es más fácil acceder a la confianza que necesita toda relación para que se sostenga en el tiempo. Más allá de una habilidad, es la cualidad de ser creído que se genera gracias a que actúas con honestidad y transmites confianza.

Paciencia

Ser paciente es una de las virtudes más escasas en nuestra sociedad. En el entorno social es necesario que domines esta habilidad. Los seres humanos somos vulnerables y, cuando menos te lo esperas, algo puede molestarte y ser el detonante de un gran problema. Puedes tirar de la paciencia de forma más efectiva cuando estás relajado, centrado; si no es el caso, tómate un tiempo antes de reclamar, de estallar, de discutir o caer en provocaciones.

Cortesía

"Lo cortés no quita lo valiente." ¿Te suena esta frase? La cortesía, la amabilidad, los buenos modales y la gentileza son habilidades que siempre se agradecen, pues nos hacen sentir a gusto. Cuando las personas son corteses y educadas, de forma automática se genera una reacción en forma de agradecimiento en las personas que te rodean. Ser gentil y amable siempre es un plus.

Saber expresarse

Cuando se trata de relaciones, saber expresarse puede ser clave. A través del lenguaje verbal, será necesario ser claro y hacer llegar a los demás el mensaje que quieres. La idea es que utilices ejemplos, que vocalices, que utilices un vocabulario acorde con el tema y con la audiencia, y, si eres de los que tienen capacidad de improvisación, mucho mejor.

Saber estrechar la mano

Estrechar la mano con seguridad y confianza es un tema tan importante que a especialistas en lenguaje corporal, protocolo, relaciones públicas, a mí como estratega de entornos e incluso a expertos en recursos humanos aún nos sorprende la cantidad de gente que no sabe dar un buen apretón de manos. El lenguaje corporal y nuestros primeros pasos cuando conocemos y nos acercamos a otras personas es imprescindible y debe hacerse de la forma adecuada.

Es fundamental saber dar la mano y estar preparado para darla cuando te encuentres con un personaje importante de repente. La vida da muchas vueltas, y cabe la posibilidad de que te encuentres con famosos hasta en el metro... Te lo digo porque a mí me ha pasado.

Empatía

Se conoce como la capacidad de ponernos en el lugar del otro para relacionarnos mejor, aunque las neurociencias confirman que, para que surja la empatía, es necesario sentir lo que siente el otro. Si nos damos cuenta de sus sentimientos y perspectivas, podremos comprender a los demás.

A lo largo del libro encontrarás otras habilidades y/o cualidades emocionales y sociales que podrían incluirse aquí, como saber iniciar y mantener una conversación o la capacidad de confiar y ser confiable, entre otras. Por su naturaleza e importancia, las he desgranado en diferentes apartados.

Habilidades técnicas

Son aquellas habilidades que debes potenciar o aprender a aplicarlas para hacer networking y relacionarte. No se trata de que te apuntes a un máster y te formes en ello: la mejor forma de aprender es haciendo. Se trata de eso, de hacerlo con las herramientas y los conocimientos de los que dispones. Si tienes que refrescar la información o aprender algo concreto, hazlo de forma autodidacta. Son habilidades que puedes desarrollar, no doctorados.

Marketing

El objetivo es que puedas aplicar tus propias técnicas para captar la atención de las personas que quieras incluir en tu red o que necesites retener. Utiliza los recursos que tengas a mano y tus propias herramientas para generar una sensación de presencia, emprende acciones que te permitan transmitir un sonoro "Aquí estoy", creando y aportando valor. En fin, que te conozcan, se queden con tu cara y les gustes.

Gestión

Proporciona el orden y la organización que te permiten gestionar estas relaciones, cada contacto, llevar la agenda, encontrar los eventos a los que quieres asistir... Haz lo necesario para lograr tus objetivos y desarrollar al máximo tu red de contactos. ¡Que reinen la creatividad y la originalidad!

Negociación

Mantente siempre en modo solución y utiliza la negociación como un recurso de ajuste y con mucha astucia. Si debes enfrentarte a una negociación, en la medida de lo posible, permítete alcanzar un acuerdo, un punto de equilibrio que satisfaga a las partes implicadas, con el fin de que logres gestionar la colaboración o el conflicto. Nos relacionamos con un montón de personas en el plano personal y profesional, y saber negociar es una habilidad necesaria, pues aprender a manejar colaboraciones o conflictos es esencial para relacionarnos.

Psicología

Debes desarrollar esta habilidad, pero no con el fin de manipular, sino como la capacidad de entender cómo somos los seres humanos, comprender y saber más sobre esas posibles sensaciones, percepciones e incluso costumbres. Adquiere un conocimiento básico para relacionarte mejor; muchos de nosotros manejamos su terminología, nos suenan algunos conceptos, conocemos algunas vertientes, teorías y metodologías. La idea es retomarlas y ponerlas en práctica.

Estrategia

Es la habilidad de unir puntos tras analizar los aspectos que te interesa tratar según tu misión, visión, metas, objetivos y, sobre todo, sabiendo con qué herramientas cuentas. Identifica y articula de forma astuta la ruta y las acciones necesarias para lograr tus metas.

¿Te has dado cuenta de que esta lista no incluye habilidades comerciales o de ventas? En un evento de networking no debes vender. Lo repito: a los eventos de networking no se va a vender. Se trata de crear relaciones, no de generar transacciones.

Habilidades emocionales

Las habilidades emocionales son más personales. Nos permiten validarnos, aceptarnos, tanto a nosotros mismos como a los demás.

La aceptación surge cuando expresamos esta validación y la reconocemos, y esto resulta de poner en práctica una gran cantidad de habilidades emocionales. Esto genera la excelencia en las relaciones interpersonales, aumentando significativamente la confianza y el respeto mutuo.

Y ahora me planteo: "¿Existen las personas perfectas?". Pues no, todos nos equivocamos, pero somos duros con nosotros mismos y con los demás. Las habilidades emocionales sirven como colchón y la idea es que tires de ellas cuando las necesites, como forma de autorregulación, con el fin de mantener relaciones fructíferas con los demás. Ser compasivo, por ejemplo, es necesario para tratar con los demás y la aceptación y el perdón ayudan a mejorar nuestro bienestar.

Hay habilidades que no detallo porque podemos encontrar mucho material sobre ellas o porque se tratan en otras secciones del libro. El positivismo u optimismo, la apertura mental, la regulación o autorregulación y la confianza, por ejemplo, las desgrano en el apartado "La confianza" del capítulo 12. Son conceptos de gran valor cuando se trata de convivencia y de relacionarse con los demás, pues minimizan los prejuicios o estereotipos que llevan a la adaptación de forma eficaz.

Una de las habilidades emocionales de mayor poder y que más influyen a la hora de conectar con las personas es decir su nombre. El nombre es la palabra más poderosa para conectar. ¿Sabes por qué? Porque forma parte de ti, como tu cuerpo y tu personalidad. Algunos estudios han demostrado que el nombre de una persona es, con diferencia, la palabra que probablemente más ha escuchado y escuchará a lo largo de su vida. Otras investigaciones muestran que, en el cerebro, hay regiones neuronales que solo se activan cuando escuchamos nuestro nombre. El nombre tiene un enorme poder emocional para conectar con los demás. Cuando pronunciamos el nombre de nuestro interlocutor, lo honramos y lo reconocemos, lo que aumenta su autoestima.

EN ESTE CAPÍTULO

- **Puntos clave sobre las relaciones**
- **Comunicar a través de las ventanas del cerebro**
- **Los seres humanos, seres sociales y seres químicos**
- **Claves para generar un impacto real y comenzar a relacionarse**

Capítulo 6 La neurociencia y el networking

¿Cómo funcionamos los seres humanos? ¿Qué es lo que realmente sucede detrás del telón? En este capítulo conocerás el valor de lo intangible, de la química neuronal y de la presencia en la creación de redes de contacto. ¿Sabes cómo se establecen las relaciones? ¿Eres consciente del impacto que tienes en los demás, según la intensidad con la que hablas y actúas? Cuando nos relacionamos, entran en juego distintas redes neuronales y regiones del cerebro que influyen en la calidad de dichas relaciones. En este capítulo verás qué aspectos entran en juego cuando conocemos e interactuamos con las personas.

Las relaciones interpersonales potencian nuestro bienestar

Se ha comprobado que las interacciones entre dos o más personas, las relaciones interpersonales, son necesarias para el desarrollo individual de los seres humanos como parte fundamental de la sociedad. Se encuentran entre las necesidades básicas más importantes del ser humano, como las fisiológicas —respirar, comer, beber, dormir...— o las afectivas y sociales —confianza, intimidad, afecto, cariño, estima...—, por nombrar algunas.

Es esencial disfrutar de relaciones sociales, amistosas, afectivas y amorosas, ya que favorecen y refuerzan nuestro bienestar como individuo social y profesional. Por ello debemos ofrecer y contar con las mejores condiciones cuando queramos expandir nuestra red de contactos. A nivel corporativo y profesional, deberás dar una dimensión humana a esta actividad, ya que de ello dependerá tu capital relacional.

En el ámbito empresarial actual, la jerarquía es cada vez menos vertical y más permeable: las relaciones entre directores, mandos medios y otros empleados son más estrechas, e incluso muchas empresas empiezan a dar prioridad a estrechar los lazos entre sus empleados.

Todos conocemos actividades dirigidas a desarrollar y construir equipos de alto rendimiento, como el *team building*, o actividades deportivas que favorecen a empleados y empresas, pues fortalecen las relaciones y facilitan el desarrollo individual y colectivo, haciendo que desaparezcan las jerarquías o, por lo menos, que se maticen.

Muchas de estas actividades pretenden generar relaciones óptimas dentro de la empresa, lo que influye positivamente en la productividad. Pero ¿qué pasa al atender al cliente y generar negocio? Es necesario crear relaciones con proveedores, clientes y con todos los actores económicos desde una perspectiva personal, en beneficio del grupo y de los negocios. Se trata de convertir en aliados reales y estratégicos a clientes, proveedores, empleados y a los miembros de esa comunidad.

RECUERDA

Solo confirmarás su eficacia sobre el terreno, leyendo este libro no sabrás si funciona. Sal a la calle para expandir tu red de aliados. Como ejercicio o actividad individual y social a la vez, debes vivir experiencias en directo, con el mundo que te rodea, pues esto facilita el desarrollo de tu red.

Las neuronas espejo y la empatía

¿Cuántas veces has oído decir que los seres humanos somos sociales? Seguramente, un montón. Además, nos rodeamos de gente con la que nos sentimos a gusto o encajamos en perfecta imperfección. Nos rodeamos de gente en la que confiamos y esto nos equilibra de forma emocional. No obstante, los científicos confirman que, antes de ser seres sociales, somos seres químicos. Existe una red neuronal que se fortalece gracias a nuestras experiencias y creencias, nuestro cerebro resuena con el cerebro de otros. Para algunos, es la capacidad de ponerse en el lugar del otro, pero esto va más allá. Como lo llama Daniel Goleman, este wifi neuronal conformado por nuestra personalidad biológica se activa en forma de emociones y, gracias a las emociones de terceros, vamos replicándolas cuando observamos la reacción de esa otra persona, lo que, a su vez, activa nuestros sistemas muscular y límbico. El wifi neuronal es lo que conocemos como mimetismo: imitamos por mímesis, como en el caso del bostezo, la risa y otros tantos, que se instalan de forma natural y, como consecuencia, provocan un aumento de la felicidad.

El descubrimiento de estas neuronas no ha sido muy divulgado. No obstante, existen y tienen una gran importancia, sobre todo cuando se habla del ser humano y de su comportamiento en sociedad. V. S. Ramachandran, director del Centro del Cerebro y Cognición de la Universidad de California, en San Diego, comentó que el descubrimiento de las neuronas espejo tiene tanto valor e importancia en la psicología como el ADN para la biología. Las neuronas espejo aportan un marco unificador y ayudan a explicar una serie de habilidades mentales que, hasta la fecha, han permanecido inmunes a los experimentos.

Estas neuronas no solo se activan cuando haces alguna acción, sino cuando observas a alguien mientras la realiza; en cierta forma, tus neuronas imitan a las de la persona a la que observas, por eso se llaman *neuronas espejo*.

Gabriel Tarde, pionero de la teoría de la imitación y autor del libro *Las leyes de la imitación* publicado en 1890, decía que la imitación origina la armonía social. Por tanto, no cabe duda de que la imitación tiene una gran importancia para todo aquello que nos distingue como seres humanos y, sobre todo, para el networking.

Siendo una especie social, los seres humanos se diferencian de otras especies, y la imitación es una de las características que nos distinguen. La imitación interviene, por ejemplo, en el lenguaje, el aprendizaje, la cultura de una región o país y, sobre todo, en la empatía. Tendrás más empatía gracias a las neuronas espejo.

La empatía es un proceso cerebral desarrollado en los seres humanos que consiste en ponerte en el lugar del otro, es decir, hacer lo que hace el otro, imaginar y sentir lo que siente el otro. Voy a ponerte un ejemplo para que entiendas la empatía: un niño, cuando está delante de otra persona, experimenta y percibe al otro como "algo" que puede hacer lo mismo que él. Al imitar y ser imitados, los niños aprenden que, de todos los objetos que tienen su alrededor, solo los seres humanos pueden vivir las mismas experiencias que ellos. Por ello es primordial que hagas networking desde la honestidad y por el bien común; de lo contrario, corres el riesgo de caer en una espiral en la que el malo es el vecino de al lado, lo juzgas y lo criticas sin darte cuenta de que el cerebro entiende otro lenguaje, que las neuronas espejo de los demás copian o imitan a las tuyas.

ADVERTENCIA

Ten mucho cuidado con los actos, acciones y pensamientos de ahora en adelante. Ya sabes cómo funcionan, ¿no? Estas neuronas se activan para lo visible y lo invisible, para acciones y pensamientos. Al tener un pensamiento, el cerebro imagina, es decir, está funcionando a tope, con lo cual las neuronas espejo y muchas otras se activan y comienzan a hacer su función.

Fortalecer las neuronas para relacionarte mejor

Ya sabes cuáles son las ventajas de relacionarte, así que te incluyo algunas recomendaciones de expertos para proteger y fortalecer las neuronas. Son acciones llenas de valores reales, que realzan al ser humano, invitan a la autocomprensión, a la búsqueda de tu espacio para lograr el equilibrio, incitan a la ternura, a la compasión y a la aceptación del otro, lo que influye directamente en la creación de relaciones óptimas.

- Busca el contacto físico. Cuidado, no se trata de tocar, sino de ser capaz de dar un buen apretón de manos, un abrazo, saludar con un par de besos. En actividades o eventos sociales o profesionales, el contacto también es visual, y es importante saber escuchar y hablar, ya que esto genera confianza y favorece nuestra seguridad gracias a la producción de oxitocina, más conocida como la hormona social.
- Sal de tu zona de confort, trasciende el límite de tu círculo vicioso habitual, asiste a otras actividades, encuentros donde puedas conectar de forma efectiva y crear sinergias grupales con un menor número de personas, pero a gran escala.
- Evita los estímulos negativos que convierten estos encuentros en espacios tóxicos con personas con baja autoestima.

- Desconéctate de vez en cuando de la red y dispositivos electrónicos para disfrutar y vivir el momento presente. En mi blog encontrarás artículos sobre la importancia de vivir en presente.
- Cultiva la benevolencia, la sonrisa y la gratitud, ya que son contagiosas y se activa la ley de la abundancia, por lo que recibirás diez veces más de forma inmediata.
- Sé un referente de buen humor, lo cual también se contagia.
- Conviértete en agente colaborativo y multiplicador de confianza, ya que es más saludable que la desconfianza y la queja.
- Identifica las necesidades de control de espacio de tus interlocutores y reconoce sus capacidades y conocimientos.
- Genera encuentros con los contactos del mundo 2.0 en la vida real.
- Invierte más tiempo descubriendo la vida e intereses de las personas sobre el terreno, no a través de las pantallas de tus dispositivos electrónicos. Vive el presente.
- Crea redes de contacto, haz networking. Relacionarte con diferentes personas es muy bueno para la salud.

La sonrisa y el contacto visual

La sonrisa y el contacto visual generan admiración y respeto mutuo, no lo dudes. ¿Cuántas veces has oído que el lenguaje corporal influye directamente en la proyección de nuestra imagen? ¿Sabías que generas más confianza cuando eres coherente, agradable, miras a los ojos y sonríes? ¿Y sabías que también tienes más posibilidades de ligar con alguien si te diriges a esa persona sonriendo y mirándola a los ojos?

El lenguaje corporal, o lenguaje no verbal, cobra especial sentido cuando hablamos de networking, en la creación de redes de contactos personales, sociales y profesionales, gracias al impacto que puedan tener en nuestro entorno. Es cierto que una imagen correcta, impecable o desaliñada y de mal gusto afecta positiva o negativamente a nuestras conexiones, pero el contacto visual y la sonrisa forman parte de ese lenguaje no verbal que influye en la confianza y en la primera impresión. También se debe hacer de forma honesta, ya que es una simbología imperceptible para nuestra mente consciente, pero perceptible para nuestro inconsciente.

El contacto visual es uno de los que tienen más poder y significado en el desarrollo e inicio de relaciones, con profundas consecuencias, y es el más relevante dentro de la comunicación no verbal, ya que es responsable del mantenimiento de las relaciones. Cuando conversas con alguien por primera vez, a través del contacto visual se intercambia mucha información sobre las personas que participan en ese encuentro. Los ojos, como ventanas del inconsciente, se entienden perfectamente y, si no se entienden, captan el mensaje que deben captar, sea cual sea.

Los ojos son las ventanas por las que se comunican los inconscientes de forma más eficaz. Gracias a ellos, el inconsciente estará diciendo al otro: "Yo me respeto a mí y te respeto a ti". Los mensajes no hablados generan la química en el otro, y la gente se siente atraída por estos códigos no verbales.

Cuando hablo de contacto visual me refiero a ver con todos los sentidos, incluso con el sexto sentido: ver con la vista, ver con el olfato, ver con el gusto, ver con el oído, ver con el tacto, ver con la intuición, y además sonreír con el corazón.

¿Eres consciente de que nos gusta que nos presten atención cuando hablamos? Niños, profesores, jefes, amigos, padres, parejas, etc. Además de valorarlos, los llena de seguridad y confianza, siempre que seamos coherentes y lo hagamos con absoluta honestidad. No olvides que los ojos lo revelan todo, y si tu sonrisa no es real y tu mirada tampoco, el cerebro de tu interlocutor lo recibirá sin filtros. Estarás transmitiendo cualquier emoción: rabia, tristeza, odio, amor, alegría, enfado, sorpresa, interés, etcétera.

RECUERDA

La idea es que el lenguaje corporal sea coherente con el lenguaje verbal, por lo cual, si practicas tu mejor sonrisa las veinticuatro horas del día, obtendrás resultados impactantes. Muchas veces decimos una cosa y pensamos otra, y el cuerpo nos delata de inmediato, así que no puedes permitirte un error de este tipo.

El valor de la presencia

Como estratega de redes de contactos, mis artículos, charlas y talleres giran en torno al networking, a la atención al cliente, al posicionamiento y a la marca personal. En todos ellos repito esta frase: "La presencia tiene mucho poder". Es tan poderosa que te voy a contar de qué va y cómo puedes sacar partido de ella.

La presencia tiene un poder que no puede compararse con otras formas de interactuar, es realmente mágica e inigualable. Es tan poderosa que muchos autores y psicólogos han escrito sobre el tema, como la estrella Ted Talk Amy Cuddy, psicóloga de Harvard, autora del libro *Presencia*. En alguna de sus presentaciones comenta que, para activar nuestro poder personal, necesitamos utilizar nuestra *presencia* (estar presente y en presente), sin preocuparnos por la impresión que creemos que estamos causando en los demás y centrándonos en la impresión que nos causa nuestra presencia a nosotros mismos, aprovechando su gran poder, con todos los sentidos activos.

En el mundo profesional se suele dar mucho valor a la presencia, pero por su connotación de aspecto físico, de la imagen que reflejamos, aunque actualmente estamos aceptando una imagen fresca y *casual*. Esto también es importante saberlo y aplicarlo lo mejor que puedas, bajo tu estilo, gustos y colores. No obstante, sabemos que tiene un peso fundamental. Una imagen o presencia se valora cuando es positiva para nuestros interlocutores, independientemente de que sea un cliente, un proveedor, un aliado o que estés en búsqueda activa de empleo, pues tu entrevistador percibirá ese lado positivo, o no, de tu imagen y tu presencia.

Por otra parte, por "presencia" me refiero a una persona que se encuentra en un determinado espacio-tiempo. La presencia como gesto, como acto, como intención que además debe ser plena para que pueda impactar positivamente. Expandir tu red de contactos es tu misión, ¿verdad?

Pues bien, para que lo entiendas mejor, el término «presencia» deriva de la palabra latina *presentia*, que significa 'cualidad de estar delante' y que se compone de tres partes:

- » El prefijo *pre-* puede traducirse como 'antes'. Presente, premeditado, preanalizado, preevaluado = Estrategia.
- » El verbo *ese* es sinónimo de *estar*. En cuerpo y alma, estar presente y en presente, estar con los cinco sentidos activados = Recibir información y aportar valor.
- » El sufijo *–ia* se usa para indicar "cualidad". Tus características o rasgos, tu autenticidad, lo que te hace único y te diferencia del resto, es esa forma especial de ser genial, con cierta peculiaridad = Lo que te distingue.

¿A que es simple? Sí, pero falta un detalle. La vida nos ha llevado siempre a ser competitivos y a compararnos con el resto del mundo, pero lo que no sabes es que el mundo está esperando que te comuniques, que te expreses, que transmitas esas maravillas que has creado y tus conocimientos. Sin embargo, gracias a un inconsciente colectivo no lo hacemos y nos invade el temor a ser criticados o juzgados.

Confianza, desenvoltura y entusiasmo apasionado son los tres rasgos fundamentales que han encontrado las colaboradoras y colegas de Amy Cuddy en Harvard, después de años estudiando la presencia y fijándose en ejecutivos de éxito gracias a sus discursos ante los inversores. No obstante, además de estos tres rasgos encontraron otro elemento común que funciona, pero que no es palpable, porque se percibe, se siente y se trata de un lenguaje invisible, no se puede ver pero existe, intangible: el lenguaje no verbal. Junto a los tres rasgos anteriores, el lenguaje no verbal favorece a las personas exitosas. Cada vez que asisten a un evento, estas personas tienen presentes esas tres cualidades, se perciben, se sienten y se respiran: confianza, desenvoltura y entusiasmo apasionado. Las personas que cuentan con ellas son aquellas que, de alguna manera, están convencidas de su idea y apelan a la pasión. Suelo repetir esta frase: "La pasión llega justo cuando haces aquello que amas", es decir, la pasión aparece cuando haces aquello que tanto te gusta.

RECUERDA

Cuando hablo de presencia no solo me refiero a estar presente, en cuerpo y alma, sino a que des prioridad a las actividades terrenales, offline, es decir, que aterrices en eventos y actividades en la vida real. En definitiva, es la forma más efectiva de optimizar esos encuentros para luego gestionarlos mejor en el mundo virtual y crear aliados, amistades, colaboradores de confianza e incluso posibles transacciones.

Es evidente que nuestra forma de expresarnos, de hablar, si vocalizamos o no, si proyectamos la voz... son aspectos muy importantes que será necesario que manejes cuando interactúes con los demás. Pero hay aspectos, como la apertura y postura que adoptes, que no se perciben a simple vista, pero que tu cerebro capta y procesa, con lo cual tus interlocutores se acabarán creando su propia percepción e impresión sobre ti como profesional e individuo.

La presencia genera confianza y aporta valor a la relación. En vivo y directo, cuando intercambiamos comunicación con otras personas, somos esencia pura. Los cerebros de las personas que interactúan captan información que no nos llega a través de las redes sociales.

Para mí es tan importante salir e intercambiar información con las personas en el mundo real que una de mis reglas a la hora de diseñar un curso, estudios o talleres, es que sea presencial, no hago cursos online. Asiste a actividades en el mundo real.

La presencia tiene mucho poder, y es el punto más importante del networking. Es preciso que hagas esto diariamente y de forma presencial, pues se trata de crear relaciones sustentadas en la confianza y las redes sociales no son suficientes. La presencia viene a ser lo que para la gente de las redes sociales se conoce como *desvitalizar*; además, la presencia tiene su propia fuente de poder y lograrás lo que quieras siempre que puedas mantenerte centrado y abrazar tu propio equilibrio en momentos malos o tiempos difíciles.

EN ESTE CAPÍTULO

- **Nuevos y no tan nuevos actores globales**
- **Importancia de los gremios, *lobbies* y asociaciones para autónomos y emprendedores**
- **Plataformas para ampliar la red de contactos**

Capítulo 7
Actores globales que debes tener en cuenta

El cambio ha dejado de ser algo circunstancial y se ha convertido en algo permanente. Por eso, en este capítulo te hablo sobre diferentes actores y escenarios que debes tener en cuenta para aprovecharte de las ventajas que puedan tener para ti, para tus proyectos o para tu empresa. Algunos son tradicionales y otros de reciente aparición o importancia, especialmente porque suponen cambios de paradigma para todos. Además, reflejan un mundo completamente distinto.

Estos nuevos y no tan nuevos escenarios o plataformas definen nuestras posibilidades de interrelacionarnos con el mundo y están cambiando las reglas del juego. Por ello, he seleccionado los más importantes con el fin de que los visualices y puedas o no utilizarlos como herramientas para ampliar tus redes de contacto, ya que pueden aportarte información valiosa de cara a mejorar proyectos o a ampliar el impacto de tus acciones personales o corporativas. Estas plataformas, espacios o actores te permitirán construir otro tipo de relaciones de manera alternativa y conocer a infinidad de gente de diferentes latitudes y desde una nueva perspectiva.

Lobby for business

Para no confundirte, voy a darte unas breves pinceladas sobre el *lobby*, ya que en las relaciones institucionales existen diferentes tipos de diplomacia económica. El *lobby* surge de la convergencia de intereses a largo plazo, con el fin de influir o forzar hacia el lado que más nos convenga múltiples decisiones públicas en poco tiempo y de forma contundente como corporación, startup o como miembro de diferentes gremios o sectores.

Te advierto sobre este tema, ya que, al tratarse de protocolo y relaciones públicas, tiene ciertos parámetros y está formalmente profesionalizado desde hace más tiempo que la diplomacia corporativa. No puedo dejar de hablar del *lobby*, puesto que, a nivel empresarial, es una de las herramientas más poderosas de las corporaciones, la forma más directa, y en muchos casos la única, que tienen para defender sus intereses a nivel local e internacional. El *lobby for business* es la práctica de las relaciones públicas y el *lobby* profesional que usan las empresas como instrumento de negocio.

JUAN LUIS MANFREDI

La diplomacia corporativa no es una actividad específica de *lobby*, y aquí discrepo de las ideas de Susan Strange (2000). La académica británica pone el acento en la relación entre las empresas y los gobiernos, una interpretación que deja fuera algunos elementos de la estrategia actual. En su relación con los gobiernos, las organizaciones tienen como objetivo influir en las políticas económicas e industriales de un país. Una segunda modalidad puede ser el establecimiento de relaciones con otras empresas del sector con la finalidad de establecer alianzas, generar coaliciones o emprender nuevos proyectos. Strange relaciona esta actividad con el *lobby* en la medida en que señala la presión sobre el legislador como una medida recurrente. Así, se puede influir en la regulación en uno u otro sentido.

Las empresas han dejado las relaciones públicas, en sus diferentes formas, para casos de emergencia y esto es un grave error. Una de las misiones de este libro es que emprendedores, autónomos y startups logren proyectarse de forma exitosa, o por lo menos consigan caminar por un terreno fértil, lleno de buenas relaciones, con personajes influyentes en los *public affairs* y/o en su entorno más cercano.

Cuando tú —como autónomo, emprendedor, pyme o startup— no perteneces al grupo de las grandes corporaciones, tienes la oportunidad de hacer *lobby* a través de asociaciones, federaciones y otros gremios. El *lobby* es una estructura o estrategia organizada para representar y defender intereses con un marcado perfil legislativo de una empresa, país o institución, es decir, privados, colectivos o públicos. Esto influye directamente en la proyección e impacto de los interesados gracias a la presión o influencia que estos ejercen sobre las personas o instituciones de poder.

Por lo tanto, el *lobby* es el traslado de lo privado a lo público, es decir, networking profesional y a gran escala, con el fin de hacer crecer las agendas con contactos potenciales y gozar de mayor impacto o beneficio en asuntos legislativos.

EL *LOBBY* Y LA MUJER

En el evento Women in Business 2017, Ana María Llopis, empresaria e inversora, comentó con relación al *lobby* y a la mujer que es necesario hacer *lobby*, pues la mujer no cuenta con tiempo suficiente para hacer networking en campos de golf ni en bares de copas. El *lobby* es uno de sus recursos y permite a las mujeres trabajar de la mano en un movimiento conjunto con el fin de que cada vez haya más directivas, académicas y altos cargos públicos.

Con relación al *lobby* empresarial, sabemos que existen cargos y personas en grandes empresas dedicados especialmente a esta labor, como los directores de asuntos públicos, departamentos de comunicación y de relaciones públicas e institucionales. Se hace de forma muy profesional, ya que se utiliza como instrumento de negocio e incluso legislativo para que se creen o modifiquen reglamentos (leyes) que beneficien al respectivo sector o mercado. En el mundo empresarial y en la vida personal, cuando se desestiman las relaciones públicas, el *lobby*, el networking y las redes que pueden generar como individuos con actores públicos o privados de otros sectores, se paga un alto precio y quizá luego no tengan el tiempo suficiente para estrechar lazos y tener presencia en caso de requerirlo.

Diplomacia corporativa

Los nuevos entornos de negocio, la responsabilidad social empresarial y la proyección que están teniendo de forma individual los altos ejecutivos y mandos medios en las empresas hacen que estas se replanteen nuevas formas de alcanzar alianzas, redefinir sus capacidades, seguir siendo relevantes o reforzar las habilidades individuales, con el fin de que puedan optimizar su competitividad, tanto a nivel local como global.

La diplomacia corporativa siempre ha existido, pero en la actualidad se ha vuelto imprescindible para las grandes empresas, frente a la imposibilidad de darse a conocer o mantener su relevancia en un mundo tan dinámico. La diplomacia corporativa está tomando especial interés entre las empresas y startups gracias a la complejidad que existe en las relaciones que adquieren estas empresas con el resto del mundo. Se trata de operar y gestionar relaciones muy complejas, aunque complementarias, entre instituciones, en el sector económico y político, así como con la prensa o medios locales e internacionales. Esto se suma a la aparición de nuevos protagonistas a nivel global, por lo que observamos la influencia directa o indirecta que impone este nuevo modelo de comunicación gracias a los avances tecnológicos y a las originales formas colaborativas de comunicarnos y actuar.

La diplomacia corporativa, también conocida en muchos países como diplomacia privada, es una fusión o síntesis entre la ciencia del interés público, las relaciones y las negociaciones entre actores del Estado e instituciones públicas con los actores de las corporaciones y la industria privada. Esta arrojará sus mejores resultados mediante una estrategia preestablecida y bien trazada con el cometido de crear y fortalecer relaciones influyentes con la gente del mundo de los negocios a nivel público y privado, no con los Estados.

Ahora bien, en el marco de esta disciplina, será necesario crear una estrategia con el *branding* y la marca personal, tal como lo hacemos a nivel personal o empresarial, de forma que se establezca con un claro objetivo o misión. De este depende la creación de la estrategia, el plan de acción de diplomacia privada y, sobre todo, los resultados que nos proponemos obtener. Esto conforma el verdadero interés de la misión.

El auge de la diplomacia corporativa se ha ido produciendo poco a poco gracias a varios actores de la escena internacional y regional, como las nuevas tecnologías, por ejemplo, que han cambiado las formas tradicionales de relacionarnos. En ellas resaltan desde universidades y gobiernos regionales hasta organizaciones internacionales, grupos, *lobbies*, empresas y startups. El objetivo es acercar las empresas a estos escenarios o mercados complejos, lo que también se conoce como internacionalización; ayudarlas a entender contextos específicos, según los intereses de cada empresa, facilitando el contacto con instancias o personas importantes y líderes de todos los sectores para generar el efecto requerido y fortalecer el entorno gracias a alianzas potenciales.

Son muchos los actores de la escena internacional, personas influyentes, líderes y grandes decisores a los que las empresas deben poner en el tablero de juego, según la estrategia que vaya a trazarse para obtener los objetivos previstos. Debemos identificar a los actores clave y crear una estrategia que se adapte al desarrollo de la empresa que surge como un complemento al *lobby for business* al que me he referido en el apartado anterior.

Desesperadamente, las grandes empresas han empezado a buscar y crear cargos con estos perfiles en virtud de la no localidad o la globalidad de los negocios. Las pymes están percibiendo estas nuevas formas de hacer negocios y se preparan para encontrar, fuera de sus fronteras, un mundo de posibilidades que no habían visto por estar tras esas murallas tan bien estructuradas. Además, algunas instituciones y universidades ya contemplan cursos de esta disciplina.

RECUERDA

La diplomacia económica ya no será un privilegio de las grandes corporaciones; en la actualidad, todos (personas naturales y jurídicas) somos globales. Los diplomáticos empresariales tienen habilidades transversales de las que disfrutan pocas personas, además de contar con una marca personal y una estrategia de *personal branding* acorde con su rol. No obstante, son conocidos como *las sombras*, no son tan públicos como un *lobbista* ni tan evidentes como un relaciones públicas. Su papel siempre es discreto, pero intensamente activo.

Los diplomáticos corporativos de mayor impacto son los que han trabajado en el servicio diplomático de algún país u organismo internacional, además de algunos altos ejecutivos que han estado como expatriados de alto rango de la mano de grandes corporaciones en destinos de negocios estratégicos. El profesional con este perfil acorta tiempos y reduce los costes de la internacionalización de empresas, en virtud de las relaciones de confianza que ha sabido establecer con personas influyentes y con decisores a nivel público y privado en las regiones o países donde ha vivido. Por su condición, cargo y personalidad, son personajes que se han ganado la confianza de instituciones y personalidades en los sectores más diversos de la sociedad y del país, además de haber alcanzado una reputación impecable. Cuentan con una red de contactos compuesta por personajes influyentes, tomadores de decisiones y personalidades de la vida cultural y social.

DIPLOMACIA EN CLAVE CORPORATIVA

Hace unos años, en un artículo de Fernando Barciela publicado en *El País*, este hacía referencia a las grandes empresas españolas que tratan de prevenir riesgos y posibles conflictos de interés cuando se instalan en otros mercados. En este artículo, habla de grandes multinacionales y empresas como Inditex, Iberdrola, Repsol o Telefónica, entre otras, que en ese momento fichaban a embajadores y personalidades con trayectoria diplomática para encargarse, según el caso, de preparar el terreno de estas empresas en nuevos mercados. El autor advierte sobre la necesidad de este tipo de profesionales para trasladarse al exterior, pues les ayudan a proyectarse e instalarse de forma óptima minimizando riesgos y acertando con su presencia a nivel global.

ADVERTENCIA

Los diplomáticos de carrera no son los únicos que llevan a cabo este rol o especialidad, aunque son los que mejor lo hacen por sus múltiples relaciones en diferentes terrenos, prestigio y gracias a cargos que les han otorgado este primer lugar en la lista. He mencionado a altos ejecutivos y empresarios, pero más abajo en la lista encontramos a políticos, celebridades, agencias de internacionalización, despachos de abogados y consultoras que ofrecen estos servicios.

Economía colaborativa

En la actualidad, el hecho de compartir tiene una gran repercusión significativa. Rápidamente, está reemplazando al hecho de poseer, de donde también surgen nuevos modelos de negocio basados en un sistema de intercambio de bienes y servicios, nuevas formas de emprender que dibujan una economía compartida que ha germinado en el ámbito sociocultural a nivel global.

Vivimos momentos en los que sobran muchas cosas, lo que ha dado paso a nuevos hábitos de consumo y, por consiguiente, de relacionarnos entre iguales o permitir que, aquel que no puede tener, pueda, por lo menos, probar. Aquí se evidencia la importancia que tiene la red como sistema relacional para compartir información, productos o servicios y que arroja como resultado el bien común. Así observamos que surgen plataformas bajo el concepto conocido como *peer-to-peer* (red entre pares o red entre iguales).

El networking colaborativo plantea la colaboración y cocreación como elementos centrales en las relaciones, sustentadas por redes efectivas gracias al intercambio. Este enfoque de colaboración en red se basa en la ayuda mutua, especialmente en el deseo de trabajar o crear algo juntos. Este recién llegado entorno, para nada inocente (naif), da paso a una sociedad más inteligente.

La colaboración viene determinada por dos componentes que, si se acompañan con las nuevas herramientas tecnológicas, nos ofrecen la oportunidad de relacionarnos de otra forma, asegurando una mayor inclusión y poder de decisión, y ajustándose al interés general. Lo colaborativo promete impulsar un impacto positivo en equipos, empresas y en la sociedad, pero será necesario revisar cómo lo hacemos. ¿Recuerdas las listas de "Favores por hacer" y de "Personas a las que ayudar" que has hecho en el apartado "Audita tu red" del capítulo 4? Aquí tienes la información que te había prometido.

Todo lo que precede a la palabra colaborativo debe tener 2 + 1 ingredientes clave

1. Compartir lo que haces con excelencia, lo que se te da a la perfección, de forma mágica y que, además, disfrutas haciendo.

2. Compartir lo que te sobra, ya sea porque lo tienes en abundancia o porque ya no lo necesitas o no lo usas.

+ 1. Blockchain, entre otras, como esas tecnologías que se perfilan como una gran oportunidad en todos los sectores a nivel mundial, pues otorgan poder a cada ser humano. Estas tecnologías aún no alcanzan la madurez necesaria, pero se avanza a paso firme y de forma exponencial; mientras se van desarrollando, se experimenta con ellas, se comprenden y se aplican. En el apartado "El futuro y las nuevas tecnologías", en este mismo capítulo, encontrarás más detalles sobre estas nuevas tecnologías.

Con estos componentes básicos aseguramos beneficios mutuos, económicos, sociales, emocionales, profesionales, intelectuales, etc. La inteligencia colaborativa es una evolución de la inteligencia colectiva que ha dado paso a nuevas formas de hacer negocios basadas en el bien común, gracias a la contribución de los actores, y en la que destaca el networking colaborativo como ese recurso útil en la creación de redes profesionales. No obstante, para que puedas colaborar de forma óptima, es necesario que revises, en primer lugar, tu vocación, habilidades, dones y talentos. Esto te permitirá saber aquello que tienes y que estás dispuesto a compartir, intercambiar u ofrecer. Es decir, la red debe parecerse a ti, porque es la única forma de que sea sólida, que crezca de forma orgánica, sea dinámica y se retroalimente.

Es evidente que, con la colaboración, puedes obtener soluciones más rápidas y óptimas a tus problemas, pues aporta nuevas ideas, perspectivas y diversas formas que traspasan los límites de la colaboración *per se* y las fronteras físicas reales, lo que te permite apoyar y formar parte de centenares de redes o equipos internacionales o pedirles información para infinidad de temas o supuestos problemas.

Seguramente, como la colaboración es intangible, no sabrás medirla o cuantificarla, ya que es invisible, no material, pero te garantizo que es real, además de muy auténtica. Se da gracias a la voluntad de las personas implicadas que quieren resolver un problema juntas, permitiendo que se produzcan resultados excepcionales, no solo buenos y satisfactorios, sino traducidos a experiencias fascinantes.

Lo colaborativo es un activo intangible, invisible, pero perceptible, real. Es decir, la habilidad invisible más importante es la de colaborar, ya que todos los implicados deciden, por voluntad propia, compartir por el placer de compartir, y no se rigen por un contrato, por lo que esto garantiza resultados extraordinarios.

Emprendimiento en todas sus formas y colores

La mayoría de los miembros de estos entornos sociales que negocian en el sector saben que el emprendimiento social es el que menos riesgo conlleva. La idea del bien común de los emprendedores sociales es crear y construir un mundo mejor gracias a proyectos que tengan la capacidad de generar cambios significativos en las personas y que repercutan en las comunidades y en la sociedad en general.

Los emprendedores sociales, también conocidos como agentes de cambio o *changemakers*, están al servicio de los intereses sociales, pero esta es solo una de las vertientes del emprendimiento. El emprendimiento es muy vasto y diverso, ya que no importa el sector o actividad, los hay de todas las especialidades, a diferencia del social, que debe generar un impacto real en la sociedad.

Dentro del emprendimiento social, la innovación ha llegado con una connotación más tecnológica. No obstante, la idea es crear o encontrar nuevas respuestas a problemas sociales que aún no se han podido resolver. Es lo que se conoce como *innovación social.*

El emprendimiento social es una herramienta esencial para dar respuesta y soluciones a los grandes desafíos de la humanidad. En la Unión Europea, el emprendedor social se define como aquel cuyo objetivo es generar un impacto positivo y medible, social, ambiental, o de ambos tipos.

El networking realza el valor del emprendimiento en su globalidad, sobre todo si estas soluciones potenciales favorecen la inclusión social en todas sus facetas. Las redes son de una importancia vital para que impacten y alcancen el efecto real de inclusión. Para ti, como persona, estos ecosistemas son una fuente de inspiración, plataformas que te permiten unirte y apoyar causas porque mejoran la calidad de la vida de las personas y/o sociedad, porque arreglan algo que está mal y/o lo mejoran.

En todas sus formas y colores, el emprendimiento también puede hacer que algo que está bien no desaparezca. A nosotros, como personas o empresas, nos beneficia mucho, ya que podemos incluso crear con ellos, invertir tiempo e intentar proyectar este tipo de iniciativas o sueños. Es perfecto, ya que tenemos la oportunidad de dar voz en nuestra red a emprendedores que quieren arreglar el mundo. Todos formamos parte de esta gran red y no hay nada mejor para proyectarnos que hacerlo por el bien común.

RECUERDA

Cuando se invierte en proyectos con un gran impacto social, la tasa de riesgo baja de forma significativa. En el ecosistema emprendedor, se han generado infinidad de nuevas formas de hacer negocios; por tanto, es necesario que lo sepas, ya que te ofrece la ventaja de ser parte activa del cambio si quieres replantearte aspectos del mundo que no te gusten. ¿Y sabes qué es lo mejor de estar dentro del ecosistema emprendedor? Que hay millones de personas influyentes de la vida pública y privada, de la vida social y profesional, que debes incluir en tu red.

LA IMPORTANCIA DEL EMPRENDIMIENTO

Santiago Zavala, @dfect/www.dfect.co

Santiago es uno de los emprendedores latinoamericanos más influyentes. En una conferencia en México puso sobre la mesa su reflexión sobre la importancia del emprendimiento después de plantearse estas preguntas: ¿por qué emprender? ¿Por qué somos emprendedores? ¿Por qué hacemos esto? ¿Por qué lo hacemos para muchos? ¿Por qué somos tantos emprendiendo? Santiago confesó sentirse especialmente ilusionado y apasionado con el emprendimiento, y descubrió que el enemigo es enorme, el contrincante de los emprendedores es un monstruo de tales dimensiones que aterra. El contrincante no es el mercado o la competencia, es todo lo que está mal, todo lo que debe resolverse y a lo que se le tiene que dar una solución.

La corrupción, el acceso a servicios médicos, financieros, lugares donde no hay acceso a internet... La propiedad privada de los pobres y de los países tercermundistas vale más que todas las empresas privadas que cotizan en las bolsas del mundo. Ese capital está ahí, sin movimiento, no se puede utilizar para construir economías, porque ese segmento de la población no tiene acceso a hipotecas, no tiene un título de propiedad que le permita comprar y/o vender ese bien. Para Santiago, ese es el mayor motor en la actualidad y, como emprendedores, podrían llegar a desbloquearlo para hacer desarrollo económico. Más del 50 % de las personas que habitan en el planeta vive en ciudades, y en América Latina asciende al 82 %. La huella urbana aumenta a gran velocidad y eso trae problemas a ciudades que no están listas para el cambio. La gente que se muda del campo a la ciudad no llega a la economía formal, lo que genera una gran cantidad de problemas sociales, personales, educativos, de contaminación, tráfico, inseguridad, etcétera.

Hizo también referencia a la importancia de los emprendedores como ecosistema. Consiste en utilizar todo eso para bien, para construir empresas y modelos de negocio, pero los emprendedores tienen que cambiar su forma de ver cosas. La lista es muy larga, pero sobre todo destaca la interconexión que hay entre cada uno de estos problemas, que se suman, rompen fronteras y cambian presupuestos. Comenta que, con el integrante activo del ecosistema emprendedor, no hay

(continúa)

(continuación)

gobierno local alguno que disponga del dinero o presupuesto necesario para resolver esos problemas. Ni los países y sus gobiernos, ni los organismos internacionales, ni los bancos de desarrollo tienen los recursos que se precisan para afrontar estos problemas. Por tanto, nos toca a nosotros, como emprendedores, porque somos los únicos que podemos tener la velocidad y romper las fronteras y temas políticos, entre otros.

No es un mensaje para que hagamos emprendimiento con impacto social, sino que nos recuerda que formamos parte activa de ese ecosistema y que, si no lo hacemos nosotros, nadie lo va a hacer

El futuro y las nuevas tecnologías

El futuro es un punto crucial, y te preguntarás por qué. Los grandes avances tecnológicos expanden la forma de relacionarnos, nuestra forma de actuar, consumir, hacer negocios, pensar, ser, aprender, estar e incluso sentir. El networking toma especial interés en este entorno global empapado de nuevas tecnologías que prometen mayor calidad de vida, y menos hegemonías de los Estados, instituciones y empresas. Es decir, está cambiando la forma de relacionarnos con el mundo.

La innovación y los grandes cambios son de forma y de fondo. Nos replanteamos cosas completamente distintas a las que estábamos acostumbrados. Este futuro próximo promete honestidad y confianza, se impone lo disruptivo y lo transversal y solo puede darse gracias a la colaboración, que a fin de cuentas nos convertirá en una sociedad más inteligente.

Son muchos y diversos los desafíos a los que nos enfrentamos en una actualidad que cambia con una rapidez insondable, donde lo novedoso y trascendente se olvida en cuestión de dos o tres años. La innovación en todos los sectores toma fuerza gracias a la tecnología de los datos y a la inteligencia artificial, entre otras. Es una mezcla entre filosofía y tecnología. Para mí, el término ideal sería *PhilTech* (del inglés, *Philosophy & Technology*).

Por una parte, la blockchain posibilitará la gestión de mucha información de forma segura, a bajo coste y con un menor riesgo. Esto generará un sistema en red (*network*) descentralizado y sincronizado. La blockchain propone nuevas formas de optimizar nuestras relaciones, ahorrar costes administrativos, favorecer alianzas, no solo formas de transmitir información. Su objetivo es intercambiar valor mediante operaciones de usuario a usuario sin necesidad de una tercera parte. En fin, la blockchain es un lenguaje o filosofía que nos ayudará a verificar, ejecutar y registrar información.

Estas nuevas tecnologías prometen nuestra validación como iguales, con los mismos derechos y deberes, con los mismos privilegios, ya que se está desarrollando desde una perspectiva que otorga poder a lo individual y local en beneficio de ese ecosistema, con un ingrediente clave como es la descentralización del control y la manipulación de la información. Esta tecnología garantiza la transparencia que, a su vez, nos hará más honestos. No tendremos jefes, no tendremos empleados o proveedores, sino aliados y colaboradores, con lo cual las redes y la manera de relacionarnos cambiarán de forma significativa.

La inteligencia artificial es más creativa, busca información en el entorno y la procesa. Esas máquinas aprenden de un sinfín de realidades probables, encuentran soluciones y reaccionan cada vez con más precisión, lo que las lleva a tomar decisiones basadas en ese trabajo de valorar, comprender, reconocer, decidir, aprender y aplicar.

Estas nuevas tecnologías funcionan de una forma diferente a lo que estamos acostumbrados a ver y utilizar. Son otros lenguajes que, además, dejan entrever la posibilidad de crear modelos de negocio nunca vistos en los que pueden participar diferentes actores que forman parte de grupos, nodos o redes que sobrepasan los límites de nuestra imaginación. También podrán optimizar modelos de negocio existentes entre empresas o instituciones y personas agrupadas en diferentes redes o nodos, mediante el uso de bases de datos conjuntas, información, valor y mucho más.

Nuestras relaciones futuras estarán marcadas por la "casi perfección" gracias a los avances en genética y biotecnología. Con relación a la genética, se han creado diversas herramientas para editar o modificar el genoma haciendo cortes de cualquier secuencia de ADN de forma específica y precisa, lo que permitirá insertar cambios en esa secuencia mediante herramientas que se van afinando y perfeccionando. En Harvard, un estudio reciente ha demostrado que se pueden almacenar datos dentro del ADN: 700 terabytes de datos en un gramo de ADN.

LA BLOCKCHAIN COMO INSTRUMENTO DE ECONOMÍA COLABORATIVA

Alex Preukschat, `http://www.eleconomista.es`

Blockchain, la siguiente revolución industrial de internet

Muchas personas creen que entender el funcionamiento de la tecnología blockchain es uno de los mayores retos. La propuesta que nos brinda una blockchain pública y su lógica es compleja, pero no es el mayor de los retos. En realidad, la blockchain nos plantea un cambio de paradigma a todos, que no es otro que alejarnos de modelos de pensamiento centralizados —con los que estamos más familiarizados porque están presentes en todas las facetas de nuestra vida— para imaginarnos un mundo completamente distinto.

Todas las instituciones creadas por los seres humanos son artificiales y definen nuestra posibilidad de interrelacionarnos. Sin embargo, las blockchains públicas permiten crear nuevas relaciones entre pares (P2P, en inglés) con más de 7.000 millones de personas del mundo —o, al menos, para los que tengan acceso a internet— como usuarias potenciales. Ahí entra un nuevo concepto de economía colaborativa que podría explorar nuevos horizontes de la mano de la blockchain.

Nuestra manera de interactuar con la tecnología, a través de la tecnología y gracias a la tecnología, cambiará en muy poco tiempo, se establecerán formas más avanzadas de comunicarnos. La tecnología nos propone soluciones inimaginables para la obtención y gestión de respuestas acertadas que acortan tiempos e impactan de forma eficiente en un mundo que se perfila cada vez mejor gestionado por todos nosotros, junto con los robots. En este futuro, la confianza y la honestidad serán los estandartes en un mundo menos contaminado, más diverso, inclusivo y tolerante.

¿Y sabes por qué se perfila así? Porque estamos todos implicados, trabajando de la mano, juntos, colaborando y haciendo oír nuestra voz, aportando valor, porque podemos aportar, crear y diseñar por el bien común. ¿Te apuntas? Piénsatelo, también hay riesgos y peligros y es necesario estar atentos.

En la actualidad ya estamos interactuando más allá de los dispositivos electrónicos y aplicaciones que usamos diariamente. Han llegado los *bots*, asistentes inteligentes, robots que nos llevan la compra a casa, que nos hacen compañía y que cuidan de personas mayores. En Europa ya tenemos algunos limpiando nuestras casas y robots industriales que limpian grandes superficies o hacen labores en hospitales. La tecnología está humanizando algunas tareas, servicios, empresas y productos.

Los *chatbots* son uno de los recursos más potentes de las empresas. Son las máquinas que más se acercan a lo humano gracias a su capacidad de generar conversación, lo que incrementa nuestros vínculos con la tecnología y permite que las personas no sientan que interactúan con una máquina. Existe una mayor compenetración entre marcas y usuarios gracias a que pueden difundir mensajes a estos clientes finales, además de medir el compromiso con la marca. Todos sabemos que los *bots* no son humanos, son máquinas que conversan y aportan respuestas en forma de conversación; y es justamente la conversación lo que nos acerca y los hace más humanos.

Las nuevas tecnologías están provocando que cambien los espacios, la forma de relacionarnos e incluso las personas con las que interactuamos, pues hemos comenzado a relacionarnos con estos nuevos actores: los robots. Los *ciborgs* viven entre nosotros, algunos son famosos y hay otros que aún no lo dicen públicamente. Ahora mismo hay robots que ofrecen misas como sacerdotes, los hay que acompañan a personas en funerales, te reciben al llegar a algunos hoteles en Japón, *wedding planners* que organizan eventos y, por si fuera poco, podemos predecir el futuro genético de los bebés. Seguramente llegará el momento en que lleguen a generarnos sentimientos y emociones.

Desde hace años, los asiáticos han introducido los robots en la sociedad, y muchas personas tienen mascotas con cerebros digitales. En China ya hay comisarías de policía en las que todos los agentes y trabajadores son robots, y en Japón un robot se postula como candidato a la alcaldía en un distrito de Tokio y pretende acabar con la corrupción; ha conseguido quedar en tercera posición en los comicios. A Sophia, la primera robot humanoide, le han otorgado la nacionalidad en Arabia Saudí, y en Europa hay quienes están negociando con algunos países para que la acepten como ciudadana. Además, está a punto de convertirse en la conferenciante invitada más solicitada del planeta.

Como he dicho, las ciudades inteligentes proponen nuevos espacios para relacionarnos con la tecnología, a través de la tecnología y gracias a la tecnología. Y llegaremos a ese futuro sublime en el que será necesario sentirnos plenos y relacionarnos de forma óptima; nos sobrará tiempo, trabajaremos menos, viviremos más años y la realidad virtual nos dará la oportunidad de sentir y experimentar mejor. Los tecnólogos están trabajando con montones de especialidades y expertos de otras áreas. Seguramente crearán tecnologías aún más disruptivas o fusiones entre unas y otras, lo que posiblemente nos lleve a establecer relaciones con otros entes y en otros lugares más allá del planeta Tierra.

¡Y cómo no hablar de uno de los inventos más grandiosos de la humanidad! Sin duda, este es internet. No obstante, estamos cruzando las fronteras hacia una nueva era de internet y las tecnologías, y observamos que la adopción de nuevas tecnologías, o fusiones entre ellas, es posible. Nos prometen realzar los valores y el poder de los seres humanos. La primera y segunda era de internet, con sus espacios y tecnologías, ya han dejado de ser beneficiosas para los usuarios. Las plataformas actuales solo se centran en sus beneficios y eso desgasta tanto a la empresa como a la sociedad. En la siguiente figura vamos a verlo de forma gráfica. Parece que la propuesta es la descentralización, porque el centro somos todos; por tanto, es importante tener en cuenta a todos los actores.

Primera y segunda era Internet - RR. SS.		**Tercera era** *PhilTech* (blockchain)
Competencia	→	Cooperación – colaboración
Gana plataforma	→	Ganamos todos
Nos utiliza y nos anula Poder y control (de la plataforma)	→	Nos empondera + humanos Poder y control para todos (red, nodos, grupos)
Centralizada	→	Descentralizada
Endogámica	→	Expansiva (neutra, crece)
Decide qué digo y a quién	→	La comunidad habla y fortalece a la plataforma

FIGURA 7-1 Hacia otra era de internet y nuevas tecnologías

CONSEJO

Aprende a relacionarte ahora, primero contigo, para hacerlo desde la excelencia, y después con el otro y con el resto del mundo. En el capítulo 8, "Primero constrúyete a ti mismo", encontrarás información sobre este tema. Es el momento de hacerlo, somos parte del cambio presente y hacedores del futuro. Es mejor programar, desarrollar y codificar nuestro futuro desde el bien común, desde las relaciones reales, óptimas y sinceras. Así nuestros frutos, creaciones, hijos o robots serán a nuestra imagen y semejanza.

3
Networking como herramienta de estrategia personal

EN ESTA PARTE . . .

A veces hay que mirar hacia dentro antes de recorrer el camino hacia fuera. En esta parte te presento la columna vertebral del networking y reflexionarás sobre aspectos verdaderamente trascendentales como ser humano y como ser social. También haré referencia a cómo descubrir y utilizar tus fortalezas para que extraigas toda esa esencia y te sientas capaz de trazar tu proyecto personal de forma óptima y coherente. En esta parte te animo a reflexionar sobre tu valor personal y, desde ahí, diseñes tu estrategia. Descubrirás que el networking es un recurso de alto impacto y bajo coste que garantiza tu existencia profesional y social.

EN ESTE CAPÍTULO

Antes de ir de networking, es necesario el *selfworking*

La marca personal y la introspección

Reflexiones sobre los defectos y los atributos negativos

Capítulo 8
Primero constrúyete a ti mismo

Como en muchas situaciones de la vida, para crear y ampliar tus redes de contacto necesitas un punto de partida. ¿Cuál? Es sencillo y complejo a la vez: autoconocimiento. Es primordial cuando se trata de explotar al máximo tu potencial, para que consigas posicionarte como persona de confianza en la mente de los demás. Solo si te conoces a fondo, podrás tomar decisiones de forma coherente con tus necesidades personales y profesionales.

Me encanta utilizar el término *selfworking*, dado su grado de perfección cuando escribo sobre networking, desde la estrategia personal, como eje central para diseñarla. Si bien es cierto que la palabra *selfworking* puede sonar divertida, el punto de vista que pretendo compartir es más profundo e íntimo. Se trata de redescubrir tu don y talento para que puedas esculpir esa imagen, crear una estrategia que, junto a tu propósito, te permita encontrar la manera de actuar y aportar algo valioso al mundo, en función de lo que eres y tienes a mano. ¿Y sabes por qué? Porque las personas que actúan bajo su propia marca, con el ánimo de diferenciarse, son quienes triunfan en su sector y consiguen más éxito. A otras, por ejemplo, las lleva directamente a la promoción, es decir, a convertirse en personal clasificable para que lo promuevan.

Sobre la marca personal

La marca personal siempre ha existido, pero el uso de esta expresión se atribuye a Tom Peters, quien, en la década de 1990, propuso una serie de técnicas de comunicación y marketing comúnmente utilizadas para la proyección de marcas y personas. La marca personal permite proyectar lo que eres y necesitas en el mundo personal y profesional, independientemente del sector en el que estés. No obstante, podemos verificar su existencia a lo largo de la historia de la humanidad, en la que destacan grandes pensadores, artistas y otros personajes que han dejado su legado en nuestra historia y en nuestras vidas.

Hoy día, el concepto de *personal branding* es fundamental gracias a la necesidad de fortalecer las relaciones interpersonales que te permiten desarrollar tus redes de contacto y posicionarte en la mente de las personas que te interesan, por todo el mundo o en tu sector.

Con el auge de las redes sociales, del mundo 2.0, sumado a los distintos gurús e *influencers* que surgen a diario, la marca personal y gestionar una red de contactos, el hecho de hacer networking está tomando un aire total online para mucha gente, lo que tampoco es muy real. Si bien es cierto que es necesario estar en la red, también es indiscutible, o por lo menos recomendable, que complementes tu presencia online con actividades offline, es decir, que sean una herramienta adicional. De esta manera, junto a una buena estrategia, lograrás adaptar, integrar y proyectar tu marca personal.

Antoni Porras es profesional del sector y autor del libro *Net..Qué?! Networking para todos*, además de fundador del 6.º Networker Business Club, el primer club de networking internacional profesional español. Hablando del tema, afirmó en una entrevista de *La Vanguardia*:

"Es importante que en el networking mantengamos un equilibrio entre el online y el offline. En nuestra vida diaria hacemos muchos contactos, unos pueden ser para ocio y otros para negocio. Tampoco hay que descartar nunca que el contacto profesional puede pasar al social y al revés".

Al igual que las empresas crean sus marcas, las desarrollan y las cuidan, los ejecutivos, empleados y directivos aportan un gran valor a las corporaciones. De allí surge esta tendencia del *personal branding*, pues las empresas son creadas y gestionadas por personas de carne y hueso, al igual que nuestros proveedores y clientes.

La marca personal tiene el objetivo de que una persona consiga desarrollar una comunicación clara sobre sí misma, utilizando diferentes recursos para resaltar por encima de las demás personas o competidores. He aquí la importancia que hoy día adquiere el *personal branding*: hay que crear esta marca personal para proyectarse, sabiendo que forma parte de una reflexión profunda e íntima que aporta valor a nuestros proyectos para alcanzar cierta notoriedad. Es la suma de muchas acciones, como dice Andrés Pérez Ortega, el resultado de todo lo que hace una persona.

RECUERDA

Al diseñar tu marca personal, establecerás las directrices para pasar a la acción con el *personal branding*, el conjunto de recursos que te permiten proyectar esa marca minimizando esfuerzos, convirtiendo obstáculos y problemas en soluciones, focalizando las acciones para lograr tus objetivos.

La marca personal está compuesta por ingredientes reales, no es una máscara, una careta, no se trata de crear una marca de quita y pon que utilizarás en unos momentos y en otros no, que usas cuando vas a la oficina y, de camino a casa o en el *gym*, vuelves a ser tú. Es un trabajo entretenido pero muy agotador que, al cabo del tiempo, pasa factura. Este es uno de los puntos que comparten los grandes networkers y que han sabido integrar gracias a que lo han adaptado y lo proyectan de forma coherente. De ahí la gran cantidad de autores y expertos que resaltan este tema en sus publicaciones. Se puede confirmar al observar la forma de actuar y los triunfos de un gran número de personalidades, empresarios y líderes.

REQUISITOS PARA UN PROYECTO DE MARCA PERSONAL

Andrés Pérez Ortega, `https://www.andresperezortega.com`

Que nos conozcamos. Saber quiénes somos, lo que nos motiva, lo que queremos, lo que nos paraliza. De nada sirve tener todos los recursos, infraestructura, contactos y herramientas del mundo si no tenemos el control de nosotros mismos.

Que nos conozcan. Debemos hacernos visibles, conseguir notoriedad, ser conocidos. En definitiva, debemos hacernos con un hueco en la mente de quienes queremos que piensen en nosotros. Si no aparecemos con frecuencia en el "radar" de nuestra audiencia, seremos olvidados.

Que nos reconozcan. Podemos ser muy populares y muy amigos de nuestros amigos sin que nadie nos asocie con un beneficio. Por eso debemos vincular lo que sabemos hacer a nuestro nombre o, dicho de otro modo, que cuando piensen en nosotros tengamos claro cómo podemos ser útiles. Evidentemente, primero hemos de estar capacitados, pero es vital marcar nuestro territorio lo antes posible.

Que nos recuerden. Si el *personal branding* es ahora más necesario que nunca es porque hay mucha gente buena, bien preparada o porque hay un exceso de demanda. Por eso es fundamental que, además de hacer bien las cosas y que nos conozcan, generemos un impacto perdurable. Está relacionado con la forma de comunicar y de transmitir lo que hacemos, con la imagen que proyectamos y las experiencias que generamos.

Que nos crean. El siguiente escalón es el de la confianza. Cada día nos encontramos con productos y personas que ofrecen algo valioso, diferente, impresionante, pero que carecen de la suficiente credibilidad. Con las personas ocurre lo mismo. Si somos buenos y ofrecemos algo interesante, pero no somos capaces de demostrar que somos capaces de cumplirlo, resultará difícil que nos tengan en cuenta.

Que nos deseen. El ser humano no solo basa sus decisiones en los aspectos racionales. También influye, y mucho, el deseo, los principios, los sentimientos, las creencias y otros factores emocionales. Hay determinados productos y personas que generan emociones fuertes y que pueden ocupar un lugar memorable en la mente de su audiencia. En esta etapa juegan un papel fundamental los factores emocionales, la sintonía, la empatía y los valores.

(continúa)

(continuación)

Que nos elijan. Todavía queda algo más. En este entorno saturado de ofertas de todo tipo debemos competir con otras personas, empresas o incluso objetos. Podemos ser conocidos, reconocidos, fiables y deseados, pero quedar finalmente fuera de juego porque otro se ha llevado el gato al agua. No basta con ser finalista, debemos ser considerados la mejor opción para hechos concretos. Aquí debemos investigar el mercado, la competencia o los clientes.

Que nos acaben comprando. Imaginemos que vamos al hipermercado con la lista de la compra. Ya hemos realizado todo el proceso de selección y hemos considerado que los productos anotados son los que vamos a comprar. Pero, al llegar a la sección correspondiente, vemos que hay un hueco o que el producto que buscábamos no está disponible. Con nosotros podría ocurrir lo mismo. Si después de todo lo que hemos hecho somos inaccesibles y es difícil contactar con nosotros, de nada habrá servido convertirse en una persona valiosa.

¿Y sabes que es lo mejor de encontrar y redescubrir tu don, tu talento, y tomar las riendas de tu marca personal? Que actuarás según tu esencia, y el mensaje que lances al mundo será perfecto; transmitirás un mensaje desde el corazón, sin pretensiones ni poses, un mensaje contundente, productivo, rentable y, sobre todo, gratificante. Esta es la única forma de que tu mensaje llegue a otros corazones. Así tus interlocutores te percibirán como alguien de confianza. Es como las *deep branding connections*, algo así como esas profundas conexiones de marca utilizadas en el mundo del marketing, que ahora se han trasladado a los sectores de las relaciones públicas y la diplomacia corporativa para crear redes de contacto efectivas. No puedes hacer networking sin saber quién eres porque difícilmente transmitirás confianza y no llegarás a conectar de forma eficaz con las personas con las que te encuentras.

RECUERDA

La consigna es dejar huella.

Existe una fórmula eficiente para construir paso a paso proyectos profesionales y personales teniendo en cuenta tu personalidad, talentos y aptitudes. Cuando trabajas tu marca personal, pueden salir a la luz cosas sorprendentes. Esto te ayudará a pasar a la acción con alguna idea que tenías en mente, y en otros casos, por ejemplo, sorprende que muchos descubran un potencial tan maravilloso que les permite comenzar a caminar por otros caminos.

CONSEJO

Una de las claves para triunfar con tu marca personal consiste en no copiar a otros. Puedes inspirarte en los grandes, imitar las formas, pero no el fondo; los otros, con su ejemplo, te permitirán identificar una línea de acción, te proporcionarán algo así como una guía de estilo. Esto se da cuando te identificas con su forma de hacer o con la cualidad de alguna persona concreta, con su marca, pero no te permite copiarlos, seguir las rutas que otros te marcan. Es verdad que existen algunos parámetros, pero la idea es que logres una proyección de ti mismo, como ser único e inigualable, con poder propio, capacidades y aptitudes. No se trata de hacer según las pautas rígidas y ancestrales preestablecidas.

Intenta ser único y remarcable en todos los términos, en todos los espacios y lugares, cuando vas en metro, comes, caminas, vas al cine, interactúas en las redes sociales, corres, vas a un concierto, juegas con tus hijos en el parque, estás en la universidad, impartes clases, trabajas, buscas empleo, ofreces tus servicios, cuando das y cuando recibes también.

En España existe abundante literatura y personas a las que puedes recurrir; los encontrarás como especialistas o como consultores de marca personal. También en el resto de Europa, Estados Unidos y América Latina encontrarás información valiosa para que completes este apartado.

RECUERDA

A nivel laboral, nos enfrentamos a nuevos desafíos. Internet se ha convertido en el primer lugar en el que los candidatos buscan empleo, aunque todos los que estamos en activo sepamos que la vida offline tiene un peso indiscutible. Los números lo confirman.

Sobre dones, talentos, defectos y virtudes

Los defectos sostienen a las virtudes. ¿De qué va esto?, te preguntarás. Lo primero que me gustaría comentarte es que para diseñar tu marca personal no necesitas mucho tiempo, pero es imperativo que te concentres, busques en tu interior, que te detengas, reflexiones y evalúes lo que has hecho a lo largo de tu vida, pues ahí encontrarás tu tesoro.

Esas virtudes y defectos complementarán tus atributos positivos para recuperar tu gran poder o tu superpoder. Teniéndolos en cuenta, y asumidos, aceptados y asimilados como tales, te marcarán la ruta para crear tu marca personal. Debes encontrar tu don, aquel que te permita complementar tus aptitudes y talentos, pues no es algo que te venga de fuera. Cada ser humano tiene su propio porcentaje de genio, de diferente naturaleza e intensidad.

¿No sabes cuál es tu don? Por lo general, el don es esa forma ligera y mágica de resolver un problema, es algo que se te da tan bien que no crees que justamente con eso puedes impactar. Forma parte de ti, y pocas personas le atribuyen el valor que tiene. ¿Sabes por qué? Porque tú tampoco le atribuyes su valor. Y resulta que es por lo que realmente podrían pagarte, por eso que haces y que nadie puede hacerlo como tú.

A veces los dones no son lo que te apasiona, pero sí aquello que haces de forma singular. Puede que no estén documentados oficialmente por ti ni por tus empleadores o equipos en los que has estado. Sabes que lo sabes, pero nadie te ha dicho o confirmado que lo tienes.

ADVERTENCIA

La mejor forma de diseñar una estrategia personal es sacar el don del armario y pulir los talentos. #*Selfworking*

Hay dones disfrazados, es decir, se esconden tras algunas habilidades extraordinarias para resolver o hacer algo. Toma nota, porque tu don o dones han estado presentes de forma recurrente en:

- Los puestos y cargos que has ocupado durante tu vida profesional.
- Las actividades académicas y de formación que has realizado.
- Tu vida social y familiar.
- En todos tus momentos de ocio y recreación.

Vivimos sin saber lo que somos capaces de hacer, desconocemos nuestros dones y talentos... Por eso te invito a reflexionar sobre ellos, porque hay muchas formas de emprender, de amar, de trabajar, de lavar los platos, de crear empresas... Somos únicos e irrepetibles, tenemos talentos especiales y, además, por lo menos, un don especial. Presta atención porque es vital para tu marca personal, para buscar empleo, crear una estrategia personal o profesional, o crear una estrategia de vida desde la excelencia y hacia la excelencia.

Un don es un tesoro, un regalo.
¿Y sabes qué se hace con los regalos?
Se agradecen y se honran.
¿Y sabes cómo se agradecen y se honran los regalos?
Usándolos.

Todo defecto está unido a una virtud

Es fundamental que seas consciente de cuáles son tus virtudes o atributos negativos y positivos, ya que el networking se basa en estar en ambientes abiertos, expuesto a oportunidades de negocio ilimitadas en las que puedas ofrecer tu producto. Tú eres la marca o la cara que se ve en un primer momento, pero no puedes negar que en su interior hay contenido, aquel que eres capaz de transmitir para revelar información concreta sin caer en el autobombo, tan desatestado por muchos y malgastado por vendedores a puerta fría.

Todo defecto está relacionado con una virtud y, como tal, impacta en tu marca personal y en las relaciones interpersonales que vas creando a lo largo de tu trayectoria. Un defecto no es necesariamente malo; cuando descubrimos un defecto (todos los tenemos), tendemos a esconderlo, ocultarlo, guardarlo en el trastero y olvidarnos de él, pues creemos que si no le hacemos caso desaparecerá. Peor aún, hay quienes lo asumen como un destino sin solución y lo cargan de culpa o de vergüenza. No hablo de los defectos que terceros te dicen que tienes, que también lo son, sino que me refiero a esos defectos que nos molestan y que ocultamos para que nadie los vea porque nos indignan, nos avergüenzan, son desagradables desde nuestro punto de vista.

CONSEJO

Este es un tema que suelo abordar en los *workshops* y conferencias de marca personal, porque, cuando descubres tu don, tus talentos y aquellos defectos o atributos negativos que puedas tener, se anulan los conflictos. Es decir, si eres coherente, honesto, responsable y trabajas de forma virtuosa, no habrá nada que ocultar y sabrás exactamente qué hacer para que los defectos se complementen con las virtudes y te hagan brillar. No es necesario que elimines o escondas tus defectos, ya que, al eliminar los defectos, la virtud desaparece o se transforma. Me refiero a que los descubras o los redescubras, los trabajes, asumas y potencies, es decir, que los lleves a su máxima expresión. ¿Y sabes por qué? Porque esto es lo que conforma nuestra singularidad.

Los seres humanos solemos ocultar cosas, experiencias desagradables, vivencias... Las olvidamos o escondemos y creemos que así las eliminaremos. Pero lo que hacemos es emponderarlas y esto es un grave error. Ahora bien, esa información que está en el subconsciente suele salir a la luz de repente y, en esas ocasiones, nos ridiculiza. Como sabes, el subconsciente se activa en casos de emergencia, y es el responsable del 95 % de todas nuestras acciones y decisiones.

"Nuestro sistema de toma de decisiones nos permite vivir en modo automático y está influido por las emociones y las experiencias."

FACUNDO MANES

Entonces, ¿qué puedes hacer con ellos?

Pues bien, redescubrirlos, conocerlos, aceptarlos, enfrentarlos, integrarlos y hacerlos conscientes para que logres trascenderlos y convertirlos en tus aliados. En ese momento, dejarán de ser tus enemigos.

Y aquí entra en juego la coherencia. Cuando se dice que debemos ser coherentes, nos referimos a hacer las cosas porque lo sentimos y lo queremos hacer, responder a nivel consciente (lógico-lineal-mental) y subconsciente (pensamiento-espiritual-intuitivo), hacer lo que se siente y lo que se piensa de verdad. Por lo general, hacemos cosas porque lo dicta la sociedad, pero en el fondo no queremos, nuestro yo más profundo no quiere, pero nuestro ego dice que sí, porque, de no hacerlo, eres malo, estás loco, eres incoherente. Y aquí entramos en el punto más importante, lo etiquetamos todo como bueno o malo y en ese momento estalla el conflicto.

Es un trabajo conjunto. Muchos de los terapeutas o *coaches* que trabajan con estas herramientas saben que no hay cosas buenas o malas, que detrás de un defecto hay un ser que lleva una información valiosa, lapidada por creencias y opacada porque no nos creemos dignos.

Los defectos siempre estarán, pero, al sacarlos a la luz, nos damos la gran oportunidad de sanarlos, de ocuparnos de ellos, de reírnos de nosotros mismos. Se trata de tomar a ese monstruo de la mano y caminar a su lado. De esta manera se convertirá en tu aliado, ya no nos dará vergüenza que salga a la luz y sabremos cómo actuar en el momento que aflore, podremos jugar y divertirnos con ellos y gracias a ellos. De esta manera los conflictos se anulan. ¿Y sabes por qué? Porque ahora los reconoces, les das su lugar y te das la oportunidad de encontrar la forma más auténtica y real de relacionarte, es decir, poniendo en valor tu esencia.

TALENTOS ESCONDIDOS

¿Sabías que dos de cada tres personas desconocen las características que les permiten salir adelante y enfrentarse a las circunstancias?

- Competencias.
- Capacidades.
- Fortalezas.

Gerver Torres, investigador especializado en Latinoamérica, trabaja en la consultoría Gallup y colabora con diversos medios de comunicación. En uno de sus artículos para el *País Semanal*, "Talentos escondidos", del 27 de agosto de 2017, comentaba que, cuando pregunta a alguien por sus talentos, o no responde o le cuesta procesar dicha información, ya que la mayoría asume que no tiene talentos o capacidades extraordinarias, e incluso los hay que no saben qué dones tienen. Lo que sorprende de esta afirmación es que las personas desconocen su verdadero tesoro, sus activos más valiosos, pues determinan su verdadero valor añadido.

EN ESTE CAPÍTULO

Dónde empieza la estrategia personal

Los tres pilares para diseñar una marca personal

Importancia de la gestión para controlar la reputación

Capítulo 9
Etapas de la marca personal

En este capítulo encontrarás las diferentes etapas del *personal branding* que te ayudarán a conocerte y que te permitirán comunicar de forma óptima aquello que aportas al mundo de manera singular. Siguiendo estos pasos, podrás definir tu proyecto o estrategia personal de forma eficaz. La marca personal te permitirá establecerte como profesional de confianza en tu sector y mostrará tus habilidades: presentarte mejor, agradar, que te reconozcan, posicionarte en la mente de los demás y, por supuesto, optimizar las acciones de networking para facilitar y optimizar esos encuentros y reuniones.

Identificación

- » Qué tienes, con qué herramientas cuentas, de qué dispones. Plasma en una tabla tus capacidades, dones y talentos, además de tus títulos, estudios y experiencia profesional. La idea es que identifiques tus habilidades extraordinarias para complementarlas con el resto y muestres tu genialidad.
- » Qué aportas al mundo, qué haces de una manera que solo tú sabes hacerlo con esa eficiencia, cómo lo haces y qué ganas.

¿Cuál es ese valor añadido y diferencial que te hace tan especial?

- Cuáles son tus objetivos, ese "desde dónde y para qué" de tu marca personal.
- A qué mercado potencial te diriges. Si bien es cierto que tienes un mercado al que puedes ofrecer tus productos o servicios, debes saber que hay otros actores a los que debes tener en cuenta. Por una parte, habrá posible competencia, ya que son los primeros que te van a observar, leer y seguir. Por otra parte, tienes un público compuesto por las personas que buscan información para aprender y mantenerse actualizadas, tus seguidoras. Por último, están tus pares, iguales, homólogos y posibles encargados de las contrataciones. En fin, no solo debes comunicarte con tu mercado potencial, ese que comprará o pagará por tus productos o servicios; debes transmitir la información al total de tu audiencia. Por tanto, tu comunicación debe llegar a las diferentes partes interesadas.
- Cuáles son las metas a corto, medio y largo plazo, lo que quieres conseguir a lo largo del tiempo para trazar una estrategia y objetivos alcanzables y medibles.

A continuación te muestro una hoja de ruta, un mapa estratégico personal que servirá tanto para tu marca personal como para tus estrategias de networking.

	Análisis	Diagnóstico	Estrategia	Plan	Ejecución	Control	Mantenimiento
	¿Dónde estoy	¿Qué me falta?	¿Qué voy a hacer	¿Cómo lo hago?	¿Cómo lo estoy haciendo?	¿Qué está ocurriendo?	¿Qué debo ajustar?
Própósito							
Personalidad							
Producto							
Público							
Posicionamiento							
Promoción							

FIGURA 9-1
Mapa estratégico personal propuesto por Andrés Pérez Ortega
FUENTE: `http://www.marketing-xxi.com/capitulo-17-esquema-marca-personal.html`

Personalidad

En cualquier situación, debes identificar aquello que quieres y necesitas como persona, pero no olvides que la personalidad implica patrones propios de pensamientos y comportamientos a largo plazo. Para diseñar tu marca personal, es fundamental que tu personalidad sea tu punto de partida, es decir, tus pensamientos, creencias, comportamientos, experiencias, emociones, decisiones, elecciones... En definitiva, tu personalidad biológica.

Es un trabajo de autoconocimiento o de redescubrimiento: quién eres, cuáles son tus virtudes, talentos, valores e identificar el valor agregado. Es un trabajo que te puede tomar algunos días y que dependerá del grado de compromiso y honestidad que mantengas contigo mismo. La idea es que identifiques todos tus rasgos y cualidades, los ubiques donde corresponde y así puedas tirar de ellos cada vez que los necesites, según el entorno donde te encuentres.

RECUERDA

Es un trabajo de introspección, de búsqueda hacia dentro para recorrer el camino hacia fuera, aceptando tus virtudes, debilidades y siendo consciente de tus potencialidades reales.

INSTROSPECTIVA

Andrés Ortega, 19/09/2017, `http://andres-ortega.com/tag/introspectiva/`

Y aunque los miedos nos paralicen, las lágrimas nos impidan ver con nitidez o los juicios puedan generar un ruido insoportable en nuestros oídos... es justo ahí, en medio de esa sensación de catarsis, cuando hay que tirar de los sentidos y dirigirlos todos en la misma dirección: hacia el interior de uno mismo...

- **Pregúntate:** No es tiempo de buscar respuestas, sino de plantearse las preguntas adecuadas.
- **Escúchate:** Ha llegado el momento de dejar de hablar con los otros para conversar con uno mismo; sencillamente, escucha lo que tienes dentro.
- **Reconócete:** Date el privilegio de reencontrarte. Mírate, recórrete. Date el placer de descubrir aristas y curvas que no sabías que existían.

(continúa)

(continuación)

- **Discúlpate:** Es el momento de perdonarse a uno mismo, de abandonar el autocastigo, de enterrar ese amargo gusto por vapulearnos a nosotros mismos.
- **Permítete:** Identifica los momentos para lanzarte, probarte, tentarte, descartar el pudor que sueles concederte.
- **Descúbrete:** Ha llegado el momento de despojarse de caretas, disfraces, maquillajes. Desnúdate frente al espejo.
- **Entiéndete:** Hay momentos para comprender qué nos mueve por dentro, qué sacude nuestra alma y de qué no estamos dispuestos a prescindir.
- **Enfréntate:** A tus miedos y a tus tempestades, pero también a tus anhelos, deseos, inquietudes y sueños.
- **Conócete:** Pregúntate, escúchate, reconócete, discúlpate, permítete, descúbrete, entiéndete, enfréntate, en definitiva, conócete... Sé tu medio con un único fin...
- **Quiérete:** Conoce tu esencia y tu razón de ser.

En este contexto caracterizado por lo impredecible, lo volátil y lo incierto, si no nos esforzamos por saber quiénes somos, por aceptarnos desde ese autoconocimiento cada vez más necesario, nunca podremos dar nuestra mejor versión de nosotros mismos, ni hacia nosotros ni hacia los que nos acompañan en este viaje vital...

Estrategia

La estrategia es un conjunto de acciones que deberás aplicar después de obtener información de las dos etapas anteriores. Ya cuentas con datos precisos, pero se te presenta un dilema: ¿cómo y dónde lo cuentas? Para responder al "cómo lo cuentas", la idea es que logres conectar con un mensaje, transmitas la información correcta, comuniques el mensaje perfecto para posicionarte en la mente de los demás y consigas dejar huella con el fin de que compren tu producto o servicio; esto se conoce en marketing como *storytelling*. Debe tener ese toque único y personal dirigido a ese nicho o mercado que has identificado, es decir, a clientes potenciales vistos como usuarios y aliados, que puedan ser arte y parte de tu propuesta.

Por último, en el "dónde lo cuentas", debes definir la estrategia para darte a conocer, ponerte a tiro, para que te encuentren. Identifica las formas de comunicar, construye una red de contactos, redacta una biografía, actualiza tu CV y tus perfiles en las redes sociales que más te convengan, y gestiona el mundo 2.0 según tus intereses.

¿Cómo te darás a conocer al mundo para que te encuentre?, ¿cómo ser y mantenerte relevante? Diseñar tu estrategia evitará que se dispersen los recursos y esfuerzos, minimizará obstáculos mientras construyes tu sólida marca personal. Esta etapa necesita de varios elementos esenciales: de tu don, de tu talento y de las herramientas de las que dispones; del proceso que vas a aplicar para ejecutarlo en el espacio-tiempo; y de la definición de un objetivo concreto que muestre qué valor ofreces al mundo. En fin, cuando trabajes esto, sabrás realmente si el networking es uno de esos espacios o recursos que utilizarás para darte a conocer, enfocado en la consecución de objetivos, en la identificación de posibles obstáculos y en buscar la solución para trascenderlos y continuar.

Los seis pasos clave para plasmar una estrategia

1. **Especificar tus objetivos.** Según los recursos y acciones que te permitan alcanzarlos.
2. **Analizar la situación en la que te encuentras.** Te recomiendo que utilices el modelo Canvas, ya que, de forma esquemática, te ofrecerá una imagen real de tu escenario.
3. **Determinar tus objetivos.** Se trata de la dirección que vas a tomar y del foco, para centrar tu atención con el fin de alcanzarlos.
4. **Definir las acciones estratégicas.** Cada movimiento y paso que vas a dar para alcanzar tus objetivos.
5. **Poner en marcha la estrategia.** Pasar a la acción según lo establecido, dar cada paso en la dirección elegida, usando los medios y herramientas necesarios.
6. **Evaluar los resultados.** Según los intereses y objetivos alcanzados. Al tomar nota de esta información se puede redefinir la estrategia e ir corrigiéndola durante el proceso.

Gestión de la marca personal

Establece prioridades, mantén tu proyecto activo y con vida a lo largo del tiempo. Sí, has leído bien, activo y con vida. Para ello es necesario ser paciente, flexible, saber que la reputación online y offline dependerá de ti y esto se gestiona a diario, es decir, debes ocuparte de tu marca personal. Si no lo haces tú, alguien lo hará por ti o simplemente desaparecerás, por lo que es fundamental que te mantengas visible.

Hay quienes creen que gestionar la marca personal es muy complicado, pero la clave está en saber quién eres y qué quieres, lo que te lleva a descubrir lo especial y único que eres. Te permite encontrar el rol que debes jugar en esta sociedad, en este camino por la vida y, por consiguiente, te permite encontrar un estado de equilibrio que se manifiesta en éxito profesional, social, económico y emocional. Y es que, además, como seres humanos, tenemos la necesidad de encontrar sentido a lo que hacemos. Es una fórmula mágica que podemos aplicar para gestionarla con éxito.

Claridad, coherencia y constancia = reputación

Es raro que las estrategias de marca o *branding* se diseñen en el mundo digital, aunque lo digital se insinúe en todo. Una estrategia de marca personal y la gestión del *personal branding* se manifiestan y establecen en el mundo offline. Es preciso tenerlo claro, pues nosotros controlamos los mensajes que emitimos al mundo. El mensaje es nuestro, pero justo hasta que lo enviamos. En la reacción que se encadena al emitir el mensaje, no hay diferencia entre el mundo real y el virtual, es decir, funcionan igual, sin importar que nos refiramos a grandes empresas, pymes, startups o marcas personales; las conversaciones pueden tomar formas incontrolables o, lisa y llanamente, que tomen la forma que te interese.

La marca personal debe mostrar una coherencia de identidad en cada uno de los sitios y plataformas desde los que emitas los mensajes, incluso offline. Hay personas que envían mensajes chistosos o subidos de tono, pero, cuando nos los encontramos en la vida real, son personas poco agradables o tímidas. De ese modo, solo consiguen sorprendernos con este tipo de reacciones que no tienen nada que ver con aquellas personas que se expresan y se mueven en las redes. La marca debe ser el resultado y equilibrio a través de todos los puntos de contacto que utilizamos para expresarla, a través de nuestra capacidad de escuchar, entender e interactuar con los demás.

RECUERDA

Esto no es ficción. Somos seres humanos y podemos comportarnos como tales. El problema está en aparentar ser alguien que no somos, lo cual es un grave error cuando estamos creándonos un entorno, sobre todo sabiendo que las relaciones, para que duren, deben cimentarse en la seguridad y la confianza. Si no somos coherentes, no trasmitimos confianza.

La idea es que te promuevas, tanto a ti como a tu empresa, de forma coherente y auténtica: desarrolla notoriedad y credibilidad, marca la diferencia, crea impacto sin dejar de ser tú mismo. Así lograrás impactar en los otros, conseguirás que te recuerden como a esa persona remarcable, diferenciándote, ofreciendo en cada encuentro una imagen coherente. Es posible dejar huella sin dejar de proteger tu vida privada, honrándote y siendo tú, es decir, una persona real de gran valor intelectual/emocional, de acción, convicción, de forma apasionada pero al mismo tiempo muy profesional. La marca personal debe estar en perfecta armonía con tu personalidad, además de que debes prolongarla a cada uno de los puntos de contacto donde te expones, reales y virtuales, públicos o privados. Una vez encaminado, el trabajo dejará una huella imborrable que habrá que seguir, y no podrás parar; si paras, corres el riesgo de que te arrinconen.

ANDY STALMAN

Andy Stalman es uno de los mayores expertos en *branding* del mundo, autor de varios libros sobre la humanización y personalización del *branding*. Se ha posicionado tanto en su sector como en otros gracias a sus conocimientos, su personalidad magnética y la gestión de su marca personal, que ha sabido trasladar a sus clientes en forma de filosofía del *branding* con un rasgo muy marcado de personalización como eje del negocio. Una estrategia óptima para trabajar el *branding* debe contar con algunos puntos clave que permitirán diseñarla. Por una parte, hay que conocerse para ser auténtico y definir misión, visión y objetivos. Así se traza una estrategia para comenzar a trabajar el posicionamiento en la mente de la audiencia.

Según el autor, una marca de éxito se comunica y construye su reputación sustentada en las 5C, que además permiten al *branding*

(continúa)

(continuación)

que evoluciones, pues se trata de proyectar la marca, ya sea personal o corporativa, desde su esencia y construir su reputación, su mensaje y el posicionamiento de esa marca en el mundo digital o en la vida real.

1. Contenido. Dirigido a clientes o usuarios fieles pero que atraiga nuevos y refresque la audiencia, otros que busquen mayor visibilidad y mejores seguidores. Generar contenido sabiendo que la principal función es atraer la atención y el interés de la gente.

2. Confianza. Crear vínculos y relaciones que fortalezcan los lazos con clientes, aliados, seguidores, usuarios, etc. La confianza es la base de las relaciones que se establecen con las personas, no solo con los clientes, sino con el entorno en general, y sobre todo con los que dan vida a las marcas: las personas.

3. Consistencia. Generar la sensación de presencia a lo largo del tiempo y transmitir que la marca está viva y en permanente evolución y reputación, para que puedan estrecharse los lazos de la marca con la audiencia, clientes, aliados, seguidores, etcétera.

4. Coherencia. Se debe trabajar a nivel analógico y digital (Off & On) y desde los diferentes canales o plataformas, basándose en los valores y objetivos de la marca para transmitir correctamente el mensaje. La coherencia es la relación con sentido entre lo que pienso, siento, hago y digo en los diferentes canales.

5. Constancia. Una vez decidamos hacer el trabajo, será necesario mantenerse activo de forma ininterrumpida para lograr los objetivos, lo que implica el desafío de trabajar y mantener el mismo nivel de actividad desde el día uno hasta el momento actual, además de que requiere mucho empeño y dedicación. Bajar la intensidad del trabajo influye tanto en la marca como en la empresa.

EN ESTE CAPÍTULO

Etapas del posicionamiento personal

El sentido de aportar valor y cómo hacerlo

Capítulo 10
Networking y posicionamiento personal

En este capítulo te explicaré qué es el posicionamiento personal para que encuentres la forma ideal de maximizar tu potencial según el nivel en el que estés, si quieres pasar al siguiente nivel o mantenerte activo como líder o referente donde ya te encuentras.

El networking es uno de esos recursos que puedes usar para mantenerte relevante y ocupar un lugar, como profesional, en la mente de las personas. ¿Qué crees que es más difícil, mantener o enamorar, es decir, comenzar el camino y enamorar a una audiencia es más fácil que mantenerla? Esto suele pasar con tus clientes: atraerlos y venderles algo es fácil, pero ¿cómo los mantienes? Con diferentes acciones y haciendo networking, es posible generar el impacto necesario para que te posiciones de forma exitosa en el ámbito profesional.

¿De qué va esto del posicionamiento personal?

No te asustes, no voy a teorizar sobre el posicionamiento, puedes encontrar abundante material en internet. Mi intención es que veas el posicionamiento personal de forma clara y sencilla, puesto que uno de los aspectos más interesantes es que tienes la capacidad de actuar y decidir si avanzas o no en tu carrera o proyecto. Cuando lo visualizas y sabes en qué nivel te encuentras, además de sus peculiaridades, dispones de la capacidad de calcular el tiempo que tardarás en llegar a cada nivel, y de establecer estrategias para seguir avanzando o quedarte donde estás.

Debes tener en cuenta que el posicionamiento personal es el lugar que ocupas como profesional en la mente de las personas y que existen varios niveles con un grado de exigencia distinto. Cada uno de estos niveles requiere compromiso, como persona o como profesional, una gran cantidad de acciones, trabajo, intensidad y actividad para seguir aportando valor, ideas y conocimientos. Es decir, será necesario trabajar mucho, de forma activa y constante para pasar de nivel, pero sobre todo para mantenerte en el nivel que decidas; de lo contrario, corres el riesgo de ser desplazado o desaparecer. La marca personal y el posicionamiento arrojan un resultado u otro dependiendo de la labor y dedicación que ocupas en su gestión.

A medida que te posicionas como profesional en este gran mercado del conocimiento y las ideas, independientemente de tu sector o especialidad, el trabajo va siendo cada vez más exigente, y debe aumentar la calidad de este. Puede llegar a ser desbordante, pero, como todo, gestionable. El principal objetivo es no desaparecer o que te desplacen, y para ello tienes que hacer mucho networking, mantenerte activo, compartir tus ideas, tus pasiones y demostrar lo bueno que eres; debes pasar del *storytelling* al *storydoing.*

CONSEJO

Para mejorar tu posicionamiento de cara al futuro, una de tus mejores herramientas es la presencia activa en el mundo digital y asistir a eventos que respondan a intereses profesionales en el mundo real. Quizá sea de las tareas más complicadas o de las que representan un mayor reto, ya que no tienen que ver con llenar tu agenda de contactos, sino con generar relaciones y esto requiere tiempo. Gracias a tu red o *network* podrás generar nuevas ideas, tomar información y contrastar esos datos para ampliar tu radio de influencia como líder y como profesional.

POSICIONAMIENTO PERSONAL

Daniel Romero-Abreu, CEO de Thinking Heads y consultor especialista en posicionamiento y marca personal (PPS). Fragmento del artículo "De la marca personal al posicionamiento personal: transforma tu vida", `http://www.romeroabreu.com/`

Para mí, el posicionamiento personal es la respuesta a la pregunta "¿Qué tengo yo que pueda aportar a los demás?". O, si quieres, "¿Qué tengo yo que pueda aportar para que este mundo sea un lugar mejor?". Iniciamos un proceso de tres fases:

1. Identificar y reconocer qué elementos o conocimientos de valor tengo que puedan aportar algo a los demás.
2. Centrarme en esos elementos o conocimientos para trabajarlos, mejorarlos y conceptualizarlos de forma continua y, una vez hecho esto, y no antes...
3. ... comunicar esos elementos a la audiencia que más puede beneficiar (lo que ofrezco no le servirá a todo el mundo).

Este proceso te permite tener un posicionamiento personal donde todo el peso recae en lo que debes aportar y, sobre todo, en cómo mejorar de forma continua eso que tienes que aportar para después, y no antes, comunicarlo. Al final se trata de saber en qué puedes ayudar a los demás y cómo puedes ser aún mejor en aquello que tienes que aportar.

- El posicionamiento personal no busca que nadie te elija.
- El posicionamiento personal no se centra en el resultado. Se centra en el proceso.
- El posicionamiento personal es una postura que te ayudará a mejorar por ti mismo y para ti mismo.
- El posicionamiento personal se centra primero en qué puedes dar a los demás, no en cómo quieres que los demás te perciban. Parte de ti como ser y persona. Es la autenticidad.
- El posicionamiento personal no requiere la aprobación de los demás. Depende de ti.

Un posicionamiento personal que se mantenga en el tiempo tiene consecuencias muy positivas para ti. En mis más de doce años de experiencia en *thinking heads*, trabajar el posicionamiento personal de forma continua tiene una doble consecuencia sobre quien lo practica:

(continúa)

(continuación)

por un lado, incrementa su notoriedad e influencia, y, por otro, ofrece la posibilidad de obtener una rentabilidad económica de ese conocimiento o elementos que te hacen único. En futuros *posts* entraré más en detalle sobre este punto. Sin embargo, sí quiero hacer hincapié en que lo importante es el proceso. Desentiéndete totalmente del resultado o la consecuencia. Si no, esto no funciona.

Los cinco reinos del posicionamiento personal

Ahora, para entrar en el tema, quiero presentarte brevemente los cinco reinos, mundos o peldaños de la marca personal o los niveles de posicionamiento personal.

FIGURA 10-1 Los cinco reinos del posicionamiento personal

1. **Reino del ser.** Tú como ser humano con nombre, apellidos y hasta con huellas dactilares. Esto me recuerda a una de las frases de Andrés Pérez Ortega: "Marca personal es la huella que dejas en los demás, y eso sucede desde el momento en el que alguien sabe de tu existencia".

2. **Reino personal.** Tú con el entorno familiar, social y laboral o formación. Los seres humanos nos relacionamos con nuestro entorno más cercano y tenemos una marca personal en este plano. Este reino puede ser más o menos extenso dependiendo de la interacción y la calidad de las relaciones que tienes y mantienes en tu vida personal.
3. **Reino profesional.** Tú en tu vida laboral y profesional. Es unilateral, es decir, tú conoces el sector o especialidad y quiénes están en él, pero el sector no te conoce a ti. Sabes o deberías saber dónde estás y la audiencia a la que te vas a dirigir, pero ella aún no te conoce. No se trata de tu familia, colegas o jefes, sino de la audiencia que está fuera de tu entorno habitual.
   El mejor ejemplo para visualizar este nivel es lo que sucede cuando vas a un evento de tu sector o especialidad y conoces a las personas, pero ellas no te conocen a ti. Esto se traslada al mundo virtual y a la vida real *(on & off)*.
4. **Reino del reconocimiento.** Conoces y te conocen, eres conocido en el mercado y tu marca personal está alineada con el sector o especialidad al que perteneces, tanto en la vida real como virtual. Cuando, por ejemplo, asistes a un evento y las personas del sector o especialidad te reconocen y tú también las conoces.
5. **Reino del referente.** Tu marca personal sostiene y apoya al sector o especialidad, es decir, tú, tus conocimientos, tu influencia y tu marca personal aportan valor al sector y te encuentras dentro de una lista privilegiada.

La importancia de aportar valor

Aportar valor es una de las premisas para fortalecer una red y desarrollarla con el fin de crear relaciones sostenibles en el tiempo, para que te posiciones como líder o referente. Tendrás que realizar esta labor sabiendo que existen dos actores fundamentales en este juego. El primero es la audiencia a la que te diriges, y el otro es la especialidad o sector al que perteneces. Ambos tienen un impacto, directo o indirecto, en el posicionamiento personal. Por tanto, es evidente que el networking y la creación de redes de contactos basadas en la confianza son la clave para tu posicionamiento.

En los reinos 4 y 5, el volumen de trabajo de calidad cobra una gran importancia, pues se trata de seguir en la mente de todos de forma remarcable para que no decaiga tu imagen y mantenerte en ese nivel o pasar al siguiente, en tu especialidad o sector. Es decir, trabajar como profesional y referente destacado, y aportar conocimiento de calidad, soluciones, respuestas, propuestas a posibles cambios o tendencias en tu sector. Esto confirma que el networking está presente y cumple un papel primordial en el posicionamiento de tu marca personal e influye en tu identidad digital.

RECUERDA

A medida que avances hacia el siguiente reino, los niveles son cada vez más exigentes, así que será necesario dedicar tiempo, ofrecer más información de calidad, encontrar nuevas formas de mantenerte relevante, y ser creativo y selectivo con el networking, las personas y la información. Indudablemente, en cada peldaño o reino tendrás un nivel de interacción con ese entorno. En el plano profesional, pasar al siguiente nivel dependerá del valor que aportes a tu red, de cómo te enriqueces con la información que recibes de la red y de las diferentes acciones que apliques.

Hay acciones realmente poderosas para aportar valor. Muchas veces creemos que se trata de escribir un artículo, hacer voluntariado, compartir información que otros elaboran o repetir frases chulas de filósofos y pensadores. Pero son acciones de alto impacto fuera de contexto, diferentes, y no te servirán si quieres mantenerte presente y activo en el mercado del conocimiento y las ideas.

Alejandro Briceño es responsable de cultura organizacional y experiencia de empleados en Opinno. Siempre busca nuevas experiencias que le permitan lograr las funciones de su rol en esa organización. Tiene muy clara su misión a nivel personal: impactar en el mundo a través de la innovación. A nivel corporativo, toma su estrategia personal y la suma a los objetivos específicos inherentes a su rol. La forma más eficaz de posicionar una empresa es a través de la marca personal de sus empleados. Alejandro es el mejor ejemplo de ello, pero no solo lo sabe sino que lo pone en práctica, lo demuestra y lo aplica diariamente, lo que impacta en la percepción de los empleados de esa empresa y del resto del mundo con relación a su posicionamiento personal. Pero Alejandro no es el único que lo hace. Conozco a montones de personas que lo hacen muy bien, como Ana Belén Arcones de IMF Business School, Géraldine Filippi de Business France, Nacho Villoch y Carlos Kuchkovskydel BBVA, Mildred Laya de Salesforce Spain, Raúl Contreras Molina de Asisa, José Manuel de la Chica de Santander Universidades y Joaquín Danvila de UDIMA-CEF, quienes refuerzan la imagen de sus empresas gracias a la capacidad de relacionarse fuera de la empresa y a la proyección de su marca personal. Todos tienen un factor en común; aportan valor a su entorno, lo que les permite estar posicionados aumentando la notoriedad de la empresa. También destaco a René de Jong, Javier Esteban Piñeiro, Óscar Méndez, Aurelio García de Sola y Luis Miguel Albornoz, quienes cuentan con redes de contactos muy valiosas, que han desarrollado a través del tiempo.

Se trata de convertirte en una persona que sepa fortalecer los lazos con aquellos que están a tu alrededor e integrar la potencia de tu red en beneficio de los intereses de la empresa y viceversa: integrar a todos los actores de la comunidad en todas las plataformas posibles y mantenerse integrado como persona, demostrarlo, hacerlo, actuar, aportar.

Son muchos los espacios y eventos en los que puedes encontrarte a estos *cracks* como espectadores, participando en algún premio o convocatoria, como conferenciantes u organizadores, en eventos de startups, emprendedores o con un perfil más social y empresarial.

Hay miles de espacios y eventos en los que puedes aportar valor y posicionarte, participar en diferentes actividades con alguna idea o proyecto personal, con colegas... Todo esto tiene un impacto grandioso en tu red, tu audiencia y tu entorno, pero, sobre todo, reafirma con tu ejemplo y aporta valor desde otra perspectiva.

Impera la necesidad de enfrentarse con entusiasmo y sagacidad a los desafíos que vivimos, utilizando las formas más auténticas y colaborativas. Debemos integrar acciones de alto impacto como las de Alejandro Briceño, para mantenernos relevantes y a la vista, mientras que, con el ejemplo, lo impregnemos todo de la esencia del bien común.

Este tipo de acciones te reportarán beneficios tangibles e intangibles como, por ejemplo:

- Mayor visibilidad para tu marca personal y prestigio para la empresa.
- Percepción coherente por parte de los empleados tanto de tu organización como de tu rol.
- Sensación de presencia en diferentes mentes y espacios.
- Test para las ideas o proyectos, personales o corporativos.
- Obtención de *feedback* mientras dejas huella.
- Colaboración con la comunidad, aportando posibles soluciones a problemas generales.
- Creación de nuevos productos y negocios.
- Diferenciación por lo que se refiere a la forma de hacer las cosas, y esto se paga mejor.

POSICIONAMIENTO COMO LÍDERES: MARCA PERSONAL

Daniel Romero-Abreu, CEO de Thinking Heads y consultor especialista en posicionamiento y marca personal (PPS). Fragmento del artículo "De la marca personal al posicionamiento personal: transforma tu vida", `http://www.romeroabreu.com/`

En el momento en que empezamos a transmitir nuestro pensamiento, entramos sin quererlo en el mercado de las ideas. ¿Cómo nos posicionamos en el mercado de las ideas? ¿Cómo podemos tener éxito en el mercado de las ideas? La marca personal es el proceso continuo de establecer tu imagen en la mente de otros, de tal forma que te perciban de una manera determinada. En suma, es la promoción personal a través de la percepción que los demás tienen de uno. Es importante entender que no podemos construir nuestra propia marca personal como nos venga en gana. El éxito y la marca personal nos los otorgan las audiencias en función de nuestra tesis.

Normalmente, la gente está muy focalizada en el éxito inmediato, cuando eso es algo evanescente, efímero, que no aguanta. La clave es dedicarse a buscar cómo te puedes desarrollar al máximo para aportar a los demás, y el éxito te llegará como un reconocimiento de lo que has llegado a ser. Lo bonito es que este éxito depende solo de uno mismo. El único concepto relevante en la marca personal es tu propio desarrollo personal. Claro que te llevará tiempo, pero poco a poco lo podrás hacer.

4

Manos a la obra

EN ESTA PARTE . . .

Al principio de esta parte descubrirás el lado oscuro del networking y cómo enfrentarte a él gracias a algunas pautas que te propongo, además de otras opciones que puedes poner en práctica para diversificar tu red y los eventos de networking.

Luego me referiré a las etapas del networking con el fin de que sepas qué se hace en cada una, para que puedas crear las mejores oportunidades para ir de networking.

En los últimos capítulos se esbozan los propósitos de la estrategia y la preparación, lo que asegura la efectividad del networking, junto a una lista de espacios sugeridos o consejos para que crees tus propios eventos. Para acabar, os explicaré cómo se genera la confianza para crear relaciones enriquecedoras.

EN ESTE CAPÍTULO

Las etapas del networking

¿El networking funciona?

Ideas para que los eventos sean un éxito

Capítulo 11
Welcome to the dark side!

Como ya sabes y has podido constatar a lo largo del libro, hay infinidad de formas, espacios y maneras de hacer networking. Una de ellas son los eventos creados con ese fin. Hay personas que creen que estos eventos no funcionan, pero otros piensan que estos eventos tienen un impacto positivo. La verdad es que muy pocos eventos de networking puro y duro son efectivos, pero no porque no sirvan o sean malos, sino porque no sabemos hacer networking. Tranquilo, no entres en pánico, para eso estás leyendo este libro.

Mantener y trabajar la red a través de sus miembros es un trabajo arduo y constante. ¿Tienes que dedicarle mucho tiempo? Sí, y lo mejor será que lo asumas como un estilo de vida.

Etapas del networking

¿Recuerdas que el networking es un proceso a largo plazo? ¿Y que no solo se trata de intercambiar tarjetas en un evento? ¿Que hay que hacer una gestión de contactos para que se queden con tu cara y luego se cree una relación? Pues bien, seguimos con el tema, que aún queda mucho que contar. Para muchas de las personas que trabajamos en esto, una de las premisas del networking es que "No vamos a hacer transacciones". Para Christopher Barrat, experto en networking, existen cuatro etapas en la creación y desarrollo de redes de contacto. Te las menciono porque es una manera de identificar cuándo y dónde se hacen las transacciones o acciones de ventas. Observarás que estas etapas son casi las mismas que se dan en un proceso de venta:

Conocer	→	Networking
Gustar	→	Gestión del contacto – Corto plazo
Confianza	→	Gestión del contacto – Medio plazo
Comprar – Amistad	→	Gestión del contacto – Largo plazo

1. Conocer

Esta primera etapa es la de networking puro y duro, que se inicia cuando estableces el primer contacto con las personas, intercambias tarjetas en algún evento social o profesional y puedes conversar un poco. A partir de aquí, para pasar a la siguiente etapa, será necesario continuar la relación y eso comienza con la gestión de contactos a corto plazo. En el capítulo 14, "Gestión de contactos a corto plazo", desgrano el tema. Ten en cuenta que, cuando acabas de contactar con alguien, no puedes permitirte perder una relación potencial por intentar vender o insistir en las bondades de tu producto o servicio.

2. Gustar

Una vez hayas hecho el trabajo de contactar con las personas y comenzado a trabajar la relación, seguramente recibas una respuesta a esa toma de contacto. Eso se agradece, pero debes continuar nutriendo y cultivando la relación. Si cada vez que realizas una acción es correspondida, vas por buen camino, y debe continuar si tu intención es que esa persona forme parte de tu red.

3. Confianza

Una vez traspases la frontera de gustar y sigas presente en la mente de esas personas, dedícate a nutrir esa relación; en algún momento, no definido, pasarás a la siguiente etapa: la confianza. No necesita mucho trabajo, porque se ha hecho en las dos primeras etapas, y la confianza, junto con la etapa de compra, surgen gracias a que fluye una energía relacional.

4. Comprar – Amistad

Lo mínimo que puede pasar en este nivel es que se genere una verdadera relación de amistad y ese es un gran tesoro, puesto que la idea del networking es el desarrollo óptimo de tu red de contactos y que te sorprenda con posibles negocios. Además, si no se genera el negocio con quienes pertenecen a tu entorno en este nivel, lo más seguro es que ellos te conecten con personas con las que puedas negociar.

RECUERDA

A un evento de networking no vamos a vender.

Los eventos de networking... ¿funcionan?

A lo largo del libro te he hablado de los beneficios y de las bondades del networking y de las redes de contacto. Ahora llega el momento de centrarme en el lado oscuro, así que te voy a explicar las razones por las que esos eventos no funcionan.

El networking, como cualquier cosa en la vida, tiene sus detractores, sus seguidores, sus fans e incluso gente que no tiene ni idea de que existe. He tenido la oportunidad de ver muchas cosas, leer y escuchar opiniones de aquellos que, como ciudadanos, lo practican, y de profesionales y gente que lo intenta, pero no ve sus beneficios. A algunos les horrorizan este tipo de eventos y llegan a odiarlos, sobre todo porque muchos se llenan de vendedores y repartidores de tarjetas que van contando su rollo sin conectar con las personas, y los hay a montones.

Seguidamente encontrarás tres de las principales causas por las que la efectividad de los eventos de networking, creados con este fin, baja de forma considerable:

1. La mayoría de quienes asisten a estos eventos son vendedores, no suelen ir compradores. Asumimos que, quienes asisten a estos eventos, tienen una estrategia personal o corporativa y un plan de acción; por tanto, cada uno se centra en su agenda personal, es decir, todos juegan a su propio juego, con lo cual nadie puede ganar. Esto provoca frustración y que abandonemos estos espacios. Es uno de los argumentos que utilizan quienes odian los eventos de networking y aseguran que no funcionan.

2. Sumado a esto, se observa una falta de preparación o estrategia por parte del networker (de quien asiste a estos eventos, no del organizador). Sabemos que el networking es necesario, pero caemos en la trampa de hacer networking solo en eventos de networking, lo que se traduce en un despilfarro de tiempo, dinero y energía. Las personas se centran en asistir a montones de eventos de networking, cuando, en realidad, deben cultivar las relaciones que tienen y crear otras nuevas en diversos espacios. Además, la selección de estos espacios no es acorde con los intereses personales o corporativos, pues no se tiene una estrategia. Tu estrategia debe focalizarse en sacar provecho a los eventos, no en asistir, he ahí la clave.
3. La tercera y no menos importante es la falta de gestión de contactos. El networking es una actividad que no termina al abandonar el evento, pues no tiene sentido si, al día siguiente, no se sella la relación. En estos eventos se obtienen montones de tarjetas de visita, y esta información no suele usarse bien. Resulta alarmante el porcentaje de asistentes a eventos de networking o a otros eventos que no hace seguimiento, no pasa al siguiente nivel: llamar por teléfono o enviar un correo al día siguiente. ¿Cómo vas a obtener resultados satisfactorios si no sigues los pasos necesarios?

Estos tres puntos responden a la pregunta sugerida en el título, es decir. que en definitiva, todos los eventos de networking deberían funcionar, incluso aquellos que son pagos y se han creado con el fin de conectar con diferentes personas y profesionales, networking puro y duro. Pero ¿cómo vamos a obtener resultados satisfactorios si no damos los pasos necesarios? Me he encontrado con muchas personas a quienes no les funcionan estos eventos porque no obtienen resultados, y todos tienen en común estos tres puntos, van en busca de clientes y transacciones, no tienen una estrategia preestablecida ni una preparación y además se olvidan de hacer una gestión de contactos.

RECUERDA

El networking no tiene un principio y un fin, es un proceso continuo a largo plazo.

"Demasiados profesionales se apresuran a ir a otro evento más de networking, cuando en realidad deberían dedicar ese tiempo a centrarse en sus relaciones existentes."

Derek Coburn

Organiza tus propios eventos de networking

Si eres de los que cree que los eventos de networking no funcionan, este apartado es para ti. Además de la larga lista de posibles espacios, lugares y eventos en sus diferentes formatos en los que puedes encontrar gente y crear contactos que te dejo en el apartado "Los mil y un espacios o plataformas para hacer networking" del siguiente capítulo, algunas personas te recomendarán que crees tus propios eventos según tus intereses y objetivos. Es muy importante que te centres en tus gustos y preferencias.

Este es uno de los consejos que ofrece Derek Coburn, autor del libro *Networking is Not Working.* Al ser un evento personalizado y responder a tu estilo, tienes la oportunidad de generar un impacto diferente y positivo entre tus interlocutores. Para el autor, la clave no es buscar nuevos contactos, sino que te ocupes y retomes los contactos que ya tienes y, a partir de ahí, crear tus propios eventos o encuentros de networking. Deja de asistir a eventos y recolectar tarjetas de visita y céntrate en las conexiones importantes.

RECUERDA

El éxito que obtienes asistiendo a eventos tradicionales de networking es directamente proporcional a tu capacidad de interactuar con las personas y de hacer un trabajo prolongado en el tiempo de la gestión óptima de esas relaciones.

Si te conviertes en el anfitrión de tus propios eventos, llegarás a controlar un montón de cosas, pues te llevas a las personas a tu territorio, las guías, las acompañas hacia donde te conviene y te destacas con tu marca personal y tu hospitalidad.

Es una fantástica forma de añadir valor a tu red actual, porque no se trata del cliente. Esto puedes hacerlo con todos tus aliados, proveedores y relaciones presentes, y, evidentemente, es una excelente oportunidad de invitar a clientes potenciales e integrarlos en tu red.

En la parte "Los decálogos" encontrarás ejemplos de Herminia Ibarra que te servirán para retomar o refrescar tus contactos. A continuación incluyo las tres claves de Derek Coburn para dar fuerza a tus eventos y optimizar esta actividad con acciones muy sencillas y potentes.

Retomar los contactos dormidos

Para retomar tu agenda y contactar con las personas que componen tu red, ya sean clientes, conocidos, proveedores o personas que hace tiempo que no ves o que no son muy activas, Coburn recomienda que aprovechemos la información de nuestra plataforma, un CRM o LinkedIn. Se trata de ordenar a tus contactos por la fecha de su última interacción contigo y por su relevancia o el interés real que tengas para volver a conectar con ellos. Luego, envía un correo corto, haz una llamada y retoma esa relación.

Refrescar los contactos actuales

Al invitarlos a cualquier actividad, indica claramente que ellos tienen el privilegio de invitar a alguien más al evento. Será necesario comentarles que lleven a alguien que vaya a disfrutar, si se trata de una cata, por ejemplo, es decir, que realmente vaya a gustarle a la persona a la que inviten, ya que su acompañante lo recibirá como un regalo y se sentirá honrado y agradecido. De este modo, te mantendrás en la mente de las personas y, posiblemente, cuando se presente alguna oportunidad, contacten contigo o te conecten con aquellos que tanto necesitas. Se trata de hacerles sentir bien gracias a experiencias agradables.

Invitaciones dobles

Profesionalmente, otro de los trucos que puedes aplicar en algunos de tus eventos o reuniones a menor escala son las invitaciones dobles. La próxima vez que te plantees ir a un evento o que te inviten, extiende dos de esas entradas a clientes o otra persona que te haya ayudado con alguna alianza, o a un socio estratégico.

Aquí puedes utilizar algo más puntual, como pedirle que lleve a alguien que él crea que tú debes conocer. Piensa en todas las posibilidades de éxito de este formato. En el peor de los casos, profundizarás en tus relaciones. En el mejor, tú y tu cliente o socio estratégico tendréis la oportunidad de entrar en contacto con un cliente potencial ideal, que probablemente no habríais conocido de otra manera.

EN ESTE CAPÍTULO

- Preguntas clave para crear una estrategia de networking
- Mil y un espacios para hacer networking
- Consejos sobre relaciones vip y la selección de espacios

Capítulo 12
Decidido, haré networking

Por más divertida que pueda resultar esta actividad, lo mejor será que la hagas según unos parámetros determinados. Es muy probable que te encuentres con personas que te digan que no es necesario prepararte para ir de cañas, a un *afterwork* o a algún otro evento, pero, si no te preparas, perderás grandes oportunidades y mucho tiempo.

¿Qué es eso de la estrategia y la preparación? ¿En qué se supone que van a ayudarte? Las personas que adoptan el networking como estilo de vida se preparan y hacen una selección cautelosa de las actividades que harán por orden de prioridad. Además, saben perfectamente lo que necesitan y a las personas que quieren encontrarse. Es cierto que también hay que reservar un 1% para la casualidad y dejarte sorprender por la vida y las oportunidades que aporta el networking. Pero de nada sirve la preparación y estrategia sin los consejos sobre cómo identificar los grupos que mejor funcionan para conectar con las personas. En este capítulo también encontrarás una lista de espacios sugeridos para que diversifiques los lugares y eventos según otros intereses.

Estrategia

¿Dónde estoy?

Una de las razones de haber hablado tanto sobre la marca personal es que el networking es un recurso de la marca personal, no al revés. Por ello, si lo has entendido bien, para iniciar una estrategia lo primero que debes hacer es trabajar tu marca personal, pues esa estrategia personal te dará las pautas para seguir tu camino ahorrando tiempo y dinero.

La estrategia de networking incluye una serie de pasos meditados, simples y sencillos, encaminados hacia un fin. La estrategia consiste en destacar y ver en la gran pantalla aquellos elementos que aportan aspectos fundamentales para la creación de un círculo virtuoso. A medida que vayas identificando los puntos fundamentales, podrás ir uniéndolos según los intereses y objetivos que tengas a medio y largo plazo. Será necesario decidir qué narrativa utilizarás para la comunicación y construcción efectiva de tu mensaje, de tu marca personal.

Identifica tu situación actual:

- ¿Qué necesitas?
- ¿Buscas trabajo?
- ¿Buscas clientes?
- ¿Necesitas aumentar tu red?
- ¿Quieres conectar con personas de algún sector o especialidad?
- ¿Buscas empleados o talento?
- ¿Quieres posicionarte como referente?

Debes saber quién eres, qué buscas, qué aportas y cuáles son tus objetivos. Hacer networking es una de las acciones más efectivas de las que dispones para darte a conocer, pero esto forma parte de esa estrategia principal de tu marca personal que necesariamente debes trabajar.

¿Para qué sirve una estrategia? Para identificar y seleccionar eventos acordes con tus intereses, tiempo, temática o formato, lo que más te convenga.

RECUERDA

El objetivo es que te traces una estrategia que te permita mantener relaciones interpersonales enriquecedoras y sostenibles en el tiempo.

La estrategia debe estar bien demarcada, de forma que puedas trabajarla en su globalidad, ya que el networking, para que surta efectos positivos, debe hacerse con una visión a largo plazo, teniendo una presencia activa, aportando valor a través de los detalles y atenciones a las personas con las que te vas encontrando. No caigas en la trampa de acumular seguidores o llenar tu agenda de números y correos electrónicos. ¿Cómo puedes identificar tus posibles intereses? Plantéate preguntas como estas:

- ¿Quién me puede aportar información sobre un sector o profesión que yo no conozco muy bien, un sector de actividad, o información sobre tal o cual empresa?
- ¿Quién me puede informar sobre si hay vacantes u ofertas de empleo que se vayan a gestionar en un futuro próximo?
- ¿Quién me puede conectar o dónde puedo encontrar a profesionales interesantes para ampliar mi campo de búsqueda de empleo o negocio?
- ¿Dónde puedo encontrar a clientes potenciales?
- ¿Dónde puedo encontrar a directores de recursos humanos, jefes de empresa o responsables de captación de talento?
- ¿Quién puede referenciarme o hablar de mí en su sector profesional, compartir mi CV o pasar mis referencias a posibles inversores?
- ¿Quién me puede recomendar o servir de referencia para presentar mi candidatura, producto o servicio utilizando sus datos?

Preparación

¿Hacia dónde voy?

En términos de redes, los objetivos que se deben alcanzar pueden ser muchos y variados. Cuando lo haces bien, a menudo los resultados superarán tus expectativas. Solo tienes que seguir tu hoja de ruta. Quizá sea una obviedad decir que tienes que prepararte para ello, es evidente, pero solemos perdernos por no saber a dónde queremos ir y por no tener en cuenta que esto del networking se centra en los detalles. Parecen ideas elementales, lógicas, pero es más que eso, son inmensamente importantes. ¡Perfecto! Sigamos. Si has llegado hasta esta parte del libro y, más importante aún, has tenido en cuenta los preparativos necesarios para ir de networking, has completado los preliminares. Supongo que será el fruto del trabajo previo realizado, y ahora tendrás un esquema de tu estrategia y sabrás cuáles son los eventos, estilos, plataformas y espacios que más te convienen.

No está de más insistir en la preparación, porque a esto se le suma el impacto de "la primera impresión" y las buenas prácticas de los hacedores de entornos o conectores; cuando vamos de networking, lo de menos es vender. ¿Lo pillas?

No solo los eventos de networking nos sirven para ese fin. Hay millones de actividades, encuentros, presentaciones, charlas, cursos, ponencias y *masterclasses* que terminan con un brindis, cóctel o picoteo. Además, tienen una característica en común, la función de sociabilizar, lo que nos invita a preguntar, conocer, interactuar. En estos espacios, siempre tienes la oportunidad de hablar sobre tus proyectos, darte a conocer y alimentar tu agenda de contactos.

Aquellas personas con las que tengas la suerte de encontrarte se quedarán con tu cara y con la mejor impresión que logres ofrecer de ti mismo. Hay que tener mucho cuidado con los eventos de networking que se organizan con este fin, ya que te limitan a seguir unas pautas; a fin de cuentas, no son más que agotadoras técnicas de venta.

Una de las finalidades de *Networking para Dummies* es que extraigas el mayor partido posible de tus potencialidades en lugares y espacios en los que puedas brillar. Esto solo se logra cuando te sientes a gusto, cuando estás seguro de ti mismo, cuando el fin es el placer de hacer networking, cuando te sientes en tu terreno. Lo conseguirás gracias a esa estrategia personal trabajada. Te propongo comenzar a trabajarla lo antes posible, utilizando la información, el esquema y los pasos que te he indicado en el capítulo 9.

TIPOS DE REDES RELACIONALES

En un trabajo publicado en 2004, *Networking: la gestión de las redes relacionales*, la fundación Factor Humano habla de dos tipos de redes relacionales: las formales y las informales:

- **Redes relacionales formales.** Redes lideradas o impulsadas por instituciones, gremios o asociaciones. Ofrecen eventos y reuniones periódicas y estructuradas en diferentes plataformas analógicas o virtuales en beneficio de sus miembros.

(continúa)

(continuación)

- **Redes relacionales informales.** Las que construyen los seres humanos a lo largo de su vida profesional y personal. No tienen una estructura formal, pero son de gran valor y tienen mucho peso a la hora de gestionarlas, pues requieren constancia para generar valor a sus miembros.

Ha llegado el momento de comenzar a integrar y refrescar el vocabulario y l as actitudes de nuestro día a día: variedad, diversidad, curiosidad. A mí se me da muy bien esto de ir cambiando de ambiente, porque es lo que nos permite innovar. Crear una red de contactos es cuestión de actitud, y será necesario asumirlo como estilo de vida, visto que esto comienza en nuestra vida cotidiana, en ese día a día en el que sumaremos acciones para cumplir con el objetivo previsto, es decir, expandir y fortalecer nuestra red.

Los mil y un espacios o plataformas para hacer networking

Existen mil y una formas de hacer networking: pertenecer a gremios o clubes de negocios, asistir a desayunos o comidas, e ir a quedadas o a eventos muy variados, tanto en su forma como en sus temas. No hay nada mejor que hacer networking por el placer de hacerlo y dejarte sorprender por las potenciales oportunidades que te aporta esta actividad.

A continuación, listo una serie de espacios, eventos y lugares donde puedes hacer networking y aprovechar esta inversión de tiempo y energía sin tener que pagar por eventos creados para acumular tarjetas. Sí, estos cuentos pueden tener un impacto positivo y quizá conozcas a gente muy interesante, pero no lo harás más de tres veces. El formato de este tipo de eventos es agotador, y te aseguro que, al tercero que asistas, descubrirás que estos eventos se llenan de *big daters*, es decir, de gente que colecciona contactos y de vendedores a puerta fría. Además de volverse monótonos, todas las caras te suenan y se repiten.

El deporte y los negocios

Durante muchas generaciones, los *businessmen* han hecho negocios y tejido redes en el *green*, en los campos de golf y realizando varias actividades deportivas y no deportivas que se prestan para ello. Hace años se puso de moda el *sweatnetworking*, una tendencia que no es exclusiva de las élites y altos ejecutivos. Llegó gracias al interés de las personas por las actividades al aire libre, la comida *slow*, las carreras y las maratones. Son personas que prefieren hacer deporte en lugar de ir a tomarse unas copas al *afterwork* del club de negocios.

Sweatworking, que proviene del inglés y la combinación de *sweat*, que significa 'sudor', y de networking como la acción de crear una red de contactos, en principio se refiere a la acción de reunirse con clientes potenciales o colegas en un entorno deportivo con el fin de conectar en forma de camaradería en un ambiente apto para que fluya la creatividad y el intercambio de ideas y que dicha actividad no requiera de mucho esfuerzo y concentración. Es decir, son actividades como correr o jugar al golf en las que se puede mantener una conversación fluida que permite reflexionar a la hora de tomar una decisión.

En las grandes ciudades hay cada vez más clubes deportivos y gimnasios que ofrecen sesiones de networking. Algunas empresas están aplicando este tipo de actividades en sus procesos de reclutamiento y captación de talento, así como muchas otras están saliendo de los muros de las grandes corporaciones para entrevistarse con sus posibles candidatos, incluso tomando un café o jugando al ajedrez.

Encuentros de *alumni*

La mayoría de las grandes escuelas y universidades cuentan con plataformas *alumni* en las que ofrecen actividades muy interesantes que permiten refrescar conocimientos. Esta es una de las actividades que más disfruto, ya que suelen ser charlas, ponencias y *masterclasses* de actualización de tendencias y nuevas perspectivas, o aplicaciones de nuestro sector. Esta es una actividad que hago por lo menos dos veces al mes, ya que, como *alumni*, aprovecho algunas clases magistrales para actualizarme o aprender de algo nuevo, y me encuentro con viejas y nuevas caras.

Eventos, charlas y ponencias

Las instituciones educativas también organizan presentaciones, eventos, charlas y ponencias para el público en general, en colaboración con otras empresas e instituciones. Son altamente recomendables, en su mayoría abiertas al público, así que ten en cuenta la agenda de eventos de las grandes escuelas, universidades y otras instituciones. En mi caso, los eventos que me interesan forman parte del ecosistema emprendedor y tecnológico.

Ferias y exposiciones

Además de emprendedora, soy muy curiosa y trato de asistir a eventos de diferentes sectores, lo que me permite descubrir diversos puntos de vista, seguir tendencias e inspirarme. Los hay de todo tipo. En cuanto sale alguno interesante, me apunto, ya que esto me permite actualizarme con relación al mercado, ver cómo se mueve y hacia dónde apunta.

Cámaras de comercio, gremios y asociaciones

Cada una de ellas con su estilo, organizan y ofrecen a sus miembros y al público en general eventos con el objetivo de hacer networking de negocios, por lo general en torno a algún tema de interés, dependiendo del tipo de cámara de comercio o asociación a la que se asista. Recomiendo asistir a eventos de cámaras binacionales, en las que se gestan interesantes oportunidades, conoces gente de muchas latitudes y siempre tienes la posibilidad de aportar valor e intercambiar información.

Parques tecnológicos, *valleys*, *business centers*, *coworking* y clubes de negocios y emprendimiento

He tenido la oportunidad de conocer, trabajar y disfrutar de algunos diseñados, tanto en forma como en esencia, para la vida empresarial y emprendedora. Cada uno en su estilo, aporta un ambiente ideal para la creación de entornos y relaciones provechosas. Solo ofrecen beneficios derivados de grupos, reuniones, intereses y, sobre todo, apoyo mutuo y colaboración.

Cursos, talleres y formación presencial

Priorizar la formación presencial es una de las cosas que hago y que recomiendo a emprendedores, inmigrantes y personas en general. Pienso que no tengo que explayarme mucho en este tema, pues es evidente, sobre todo cuando tenemos un proyecto, buscamos empleo o estamos emprendiendo en el extranjero. Algunos estudios recientes de la neurociencia y el cerebro confirman que el ser humano no aprende sin el contacto personal, lo que lleva a la conclusión de que la figura del maestro y el médico no desaparecerán. Sin embargo, todo apunta a que se convertirán en guías, en ese contacto personal que te escucha y te orienta, como solo saben hacer los mejores compañeros de camino, gracias a ese intercambio de experiencias y a la escucha activa, que nos permite aprender y proyectarnos.

Esta es una de mis actividades preferidas porque siempre se conoce a gente interesante. Además, lo harás aprendiendo algo que te concierne o que te sirva para llevar a cabo tu proyecto personal o corporativo. La ventaja de la formación es que, en gran parte, la dictan expertos. Muchos de estos expertos del sector suelen organizar e impartir cursos gracias a su talento, su trabajo y su marca personal. Aprenderás de los *cracks* y con los *cracks*. Yo disfruto mucho de la formación presencial... Recuerda el poder que tiene la presencia.

Eventos sociales y culturales

Inauguraciones de toda índole, desde galerías, museos, presentaciones de escritores o científicos. Las hay sobre tecnología, educación, periodismo, encuentros diplomáticos, eventos sociales, catas de vino, chocolates, quesos, aceites, encuentros artísticos, exhibiciones en espacios distendidos, presentaciones de libros, etc. En ellas tienes la oportunidad de encontrarte con personas simpáticas a las que puedes sorprender con tu idea o proyecto, simplemente por atreverte a contarlo a una audiencia diferente. Es decir, sales de tu entorno habitual y natural y te encuentras con la posibilidad de conocer a periodistas y celebridades.

Voluntariado y hablar con extraños

Intencionadamente, he agrupado estas dos actividades y las he dejado para el final, ya que se lo he escuchado decir a varias personalidades. Una de ellas es Jacqueline Whitmore, colaboradora y articulista en `www.entrepreneur.com`, autora, experta en *business etiquette* y fundadora de *The Protocol School of Palm Beach*, quien recomienda el voluntariado entre decenas de opciones para hacer networking. Algo que ella hace a la perfección es hablar con extraños cada vez que tiene oportunidad. Lo mismo escuché de Robin Sharma, autor de varios libros, entre ellos *El monje que vendió su Ferrari* y *¿Quién se ha llevado mi queso?* Hace años participé en un *workshop* sobre liderazgo en el que Sharma también se refirió al voluntariado y a hablar con extraños, ya que esto nos permite conocer a personas y aprender cosas inimaginables. En España tenemos a dos personajes a los que siempre verás haciendo voluntariado y animando a todo el que pueda a que participe. Por una parte está Mar Souto Romero, autora del libro *Somos el Universo*, para quien el voluntariado forma parte de su estilo de vida, y, por otra, nos encontramos a Cipri Quintas, un auténtico *#giver.*

CONSEJO

¡Déjate sorprender!

Seleccionar espacios o plataformas

Independientemente de tu selección, será necesario que integres aspectos básicos, pues recuerda que los pequeños detalles marcan la diferencia. Al igual que sucede con las estrategias de marca personal y gestión de contactos, será más efectivo si tienes bien definidos tus objetivos. Voy a compartir algunas claves que te permitirán emprender este camino mientras diseñas o rediseñas tus estrategias tanto de *personal branding* como de networking.

Para encontrar esta diversidad de espacios o plataformas, sal, vete a dar una vuelta, entra en un museo, tómate una copa o apúntate a clases de impresión 3D. Las clases de cocina también son excelentes si tu idea es compartir con personas a las que les interese lo mismo que a ti. Los *meetups* son una opción fantástica. Los hay de todos los temas que te puedas imaginar y siempre se apunta gente con la que es interesante conversar. No dudes en apuntarte a ese curso de teatro o de monólogos que siempre has querido hacer; aprovecha esta transformación que estamos viviendo y asiste a foros y charlas sobre tecnología.

CONSEJO

No caigas en la trampa de ir a un solo tipo de eventos y malgastar tiempo y energía. Cuando compartes en ambientes agradables, en los que se tratan temas que conoces y te apasionan, tienes la oportunidad de brillar y de aportar valor a ese entorno.

Los nodos más importantes en los eventos de networking

Los expertos en liderazgo organizacional coinciden en el valor del networking para el desarrollo de líderes dentro y fuera de las empresas. Christopher Barrat, autor, conferenciante y experto en networking, con una larga experiencia obtenida gracias a su carrera como comercial y en desarrollo de negocios, considera que crear redes de contactos de calidad es una habilidad increíblemente poderosa para empresarios y muy apreciada en el mundo de los negocios por su gran valor. El networking debe practicarse y perfeccionarse de forma individual para que tenga efectos a nivel empresarial, sobre todo si debe centrarse en una perspectiva comercial. El networking como actividad y habilidad es experimental, solo arrojará frutos si se pone en práctica correctamente.

Estos eventos permiten conocer a gente para integrarla en tu red, personas con las que puedas compartir intereses mutuos; son una fuente de inspiración y una oportunidad para generar nuevas ideas. Suelen ser los lugares ideales para encontrar a potenciales inversores, socios, mentores, personas que posiblemente se interesen por tu propuesta. Hay muchas razones por las que los miembros de una empresa y los empresarios deben asistir a estos eventos.

Si se quiere sacar el máximo provecho de estos eventos, deben seguirse algunas reglas, tanto si hablamos del mundo virtual como del mundo terrenal. En el networking, los límites los establecemos nosotros y existen formas colosales de pasar desapercibidos. Sin embargo, no es un plan muy acertado, y asumo que no es lo que estás buscando.

No cabe duda de que muchos poseemos cierto grado de timidez, por ejemplo, no estamos lo suficientemente seguros como para iniciar una conversación; somos seres humanos, y hay momentos en los que nos parece desconcertante romper el hielo o entregar una tarjeta de visita. Ganarás confianza poco a poco. Pasados esos primeros momentos, obtendrás seguridad en ti mismo. A medida que te relaciones haciendo networking en sus diferentes versiones, aprenderás a actuar de forma fluida.

Además de todo lo que vas a descubrir en este libro, hay otras técnicas que puedes aplicar cuando asistas a un evento. Una de las situaciones en las que suelen encontrarse quienes asisten a este tipo de eventos es que les cuesta mucho iniciar una conversación. Cuando asistas a un evento, es de vital importancia que pierdas el miedo a hablar con la gente, y que sepas identificar los grupos dispuestos a integrar a nuevos miembros.

Voy a hablarte de una de las reglas más importantes que propone este maestro del networking, para que lo hagas de manera efectiva. A fin de cuentas, la vida no va de lo que tú eres y conoces, sino de a quién conoces. Con estos trucos podrás identificar los nodos que te convienen.

La estrategia consiste en identificar cómo y a quién acercarte. Se deben identificar tres nodos o grupos de personas, observar su postura corporal y averiguar si mantienen una conversación privada (cerrada) o están abiertos a integrar a más personas al grupo para que puedas sumarte a la conversación.

El solitario

Es la persona que está sola y que no habla con nadie. En ese caso, se puede asumir y aceptar que es posible entablar una conversación con el solitario, pues te lo agradecerá eternamente. Le harás un gran favor y es una oportunidad estupenda para ayudarle a integrarse; puedes presentarle a otras personas y enseñarle lo que tú sabes. De esta manera generas energía de agradecimiento y te escuchará con atención, lo que aumentará las probabilidades de convertirse en tu prescriptor.

Los pares

Usualmente, a estos grupos o pares te los encontrarás hablando de forma cerrada. Es muy difícil entrar en ese círculo, ya que suelen ser colegas o amigos. No te recomiendo que intentes acercarte a estos grupos. Es importante que observes bien a las personas de estos nodos; si la conversación se produce de lado (abierta), quizá alguno de los dos quiera salir corriendo y no lo logre. Así que ¡mejor ni lo intentes!

Los nodos de tres o más personas

Son los más recomendables. Debemos identificar estos nodos de tres o más personas, preferiblemente si en ellos hay una mujer, ya que suelen ser más extrovertidas, amables y están más dispuestas a integrar a los solitarios. Acércate, porque estos son los nodos más favorables para generar contactos y expandir tu red.

"Las habilidades de las personas son la clave para una colaboración efectiva; y en última instancia para el éxito."

CHRISTOPHER BARRAT

En la siguiente figura puedes ver seis tipos de nodos que van desde los muy malos hasta los grupos óptimos, con el fin de que los identifiques al llegar a un evento y sepas a cuál de ellos acercarte para conectar.

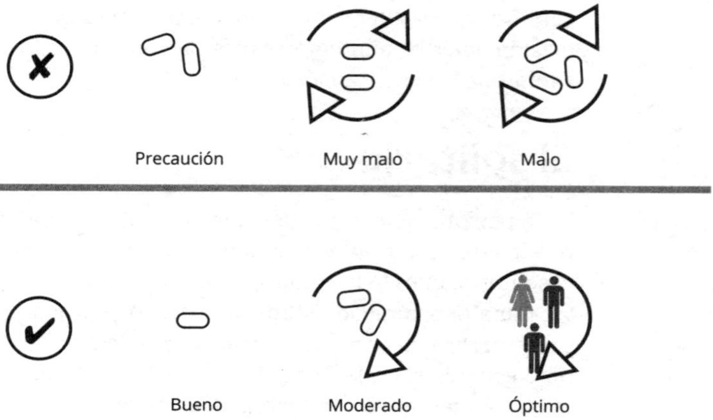

FIGURA 12-1 Nodos en eventos de networking

Networking, la versión *business* de hacer amigos

Por supuesto, todos sabemos que esto va de conectar con las personas y de que se conviertan en nuestras amigas. El primer paso es hacer networking y el segundo es que generes confianza y te posiciones en su mente como tal. En un contexto cambiante, para muchos caótico y lleno de incertidumbre, no es importante el nombre que le des a esta acción (networking) y menos aún que se trate de tu empresa o de ti a nivel personal y profesional. Lo fundamental es el valor que tiene esa red para tu vida personal y tus proyectos profesionales.

En este apartado te hablaré sobre las relaciones estratégicas para que te sirvan de apoyo en la creación de redes. Te gustará saber de dónde surge la confianza y cuáles son los diferentes niveles de confianza relacional.

Cuando pase el tiempo y evalúes tu red de contactos, te darás cuenta de que ha crecido y de que seguramente sea distinta a la primera que tuviste. Si aplicas varios de los consejos de este libro, seguramente tu red habrá aumentado tanto en el mundo digital como en el real. No obstante, por diversa que sea tu red, es importante que mantengas relaciones significativas; por tanto, no desestimes incluir en tu círculo a entre cinco y diez personas estratégicas. Mientras construyas estas relaciones, debes cerciorarte de que haya suficiente interacción, y un contacto permanente y de calidad con esas personas.

RECUERDA

A medida que aumente tu red de contactos, lo mejor es que recurras al ejercicio de auditoría y reevalúes tu red para saber cómo refrescarla una vez más.

Crear relaciones de confianza

Sea cual sea el terreno, el sector o la actividad, las corporaciones, proveedores, inversores, clientes y empresas en general buscan colaboradores de confianza, gente que comparta sus pasiones, valores e intereses, lo que se acentúa cuando se trata de emprendedores, empresarios, empleados *freelance* o autónomos. Dado que somos seres humanos y vivimos en sociedad, esto confiere al networking relacional el primer lugar en la lista de las acciones clave de una empresa exitosa.

Lo trascendental es saber que solo podemos confiar en las personas que nos conocen; para el resto, ni siquiera existimos. Por tanto, puedo afirmar que, cuantas más personas conozcamos, mayor será nuestro impacto, nuestras ventas, nuestro éxito. Pero, evidentemente, nos toca hacer un trabajo minucioso y acertado con el fin de que nos conozcan y nos valoren como una persona de confianza.

¿Pero qué significa *conocer* y *ser fiable*? Veamos la siguiente lista, que pretende mostrar de forma sencilla y esquematizada los niveles de relaciones que mantenemos con el entorno.

Niveles de confianza relacional

Me suena su cara	→	Networking
Lo conozco	→	GDC – Corto plazo

Amigo de mi amigo	→	GDC – Largo plazo, referencia
Mi amigo	→	Marca personal – Respeto Admiración mutua – Tiempo
Hermanazo	→	Amistad duradera – Alto nivel de confianza

Es muy sencillo. Todos tenemos amigos, conocidos y relaciones con diferentes grados de valor, según la confianza que nos generan, gracias al tiempo y la calidad (cómo nutrimos) de esa relación que se podría traducir en fases de maduración. Y esto es lo que sucede, por ejemplo, cuando conocemos a alguien en una reunión social o en eventos más profesionales. Si te preguntaran sobre esa persona, responderías "Me suena su cara", y este es el nivel del networking puro y duro, de ahí la importancia de la estrategia y la gestión de contactos.

Si te fijas en la escala, podrás observar que el segundo y tercer nivel son los de la etapa de gestión de contactos (GDC) a corto y largo plazo. Y es aquí donde realmente comienza la labor de generar confianza, que te permitirá mantener una relación fructífera. Esto funciona a nivel social-personal y profesional, puesto que "lo conozco y es amigo de un amigo" o te han dado alguna referencia.

Por otra parte, en el cuarto y quinto nivel no me explayaré, pues asumo que todos tenemos amigos y grandes amigos, esos a los que muchos llaman hermanos, con los que podemos contar con los ojos cerrados o no tan cerrados, pero siempre están ahí, sea cual sea el nivel de la afinidad. En el mundo del emprendimiento, y sobre todo al hablar de financiación, entran dentro del famoso *family, fools and friends* que nos permite describir estos dos niveles tan importantes en el desarrollo de redes colaborativas.

En definitiva, se trata de instaurar relaciones de confianza con tus interlocutores que se basen en sus necesidades, y ofrecerles una o varias soluciones a medida que te permitan construir relaciones profesionales gracias a tu liderazgo, tu posicionamiento, al cuidado, al mimo, y, por su puesto, al intercambio de información pertinente.

Un buen hacedor de entornos difícilmente podrá lograr sus objetivos si no inspira confianza. Este sentimiento va unido a la percepción de seguridad en uno mismo y en los demás y a la esperanza de que todo vaya bien; en caso de no ser así, encontrarán otras vías que satisfacer. Para llegar a ser conocido es crucial que te mantengas activo, que te vean continuamente en diferentes escenarios o plataformas (virtuales o reales); de esta forma, construirás tu reputación, y esta se irá consolidando a medida que perfecciones tus habilidades en el establecimiento de relaciones, con pasos firmes, evitando empañar cualquier proyecto o relación de negocio.

Así avanzarás en lugares donde puedas impactar y generar esa confianza. Además, serás consciente de que, el día que realmente lo necesites, que tengas que presentar un proyecto en tu empresa, que quieras llevar adelante una idea de negocio, que busques un cambio o un nuevo empleo y que necesites clientes (o empleadores) a los que quieras llegar, lo harás a través de las personas que te conocen, que te puedan recomendar y conectar.

La confianza

La confianza no es un comportamiento, sino el resultado de un conjunto de comportamientos o acciones de estilo relacional. La confianza también se contagia y tiene un impacto positivo en nuestro comportamiento y en el de los demás, lo que aporta la sensación de seguridad en esa relación. La confianza implica riesgo, como cualquier inversión, y se genera gracias a que alguien demostró con un puñado de acciones que era fiable. Es decir, si quieres iniciar una relación de confianza, ponte en riesgo. Al mismo tiempo, la confianza es una especie de amortiguador emocional. Cuando vives experiencias en las que tienes el derecho de confiar, te vuelves más seguro de ti mismo, más afectuoso, generoso y atento con los demás.

Además de ser una cualidad propia de los seres humanos, también podríamos decir que la confianza es la opinión favorable y de certeza que tiene alguien con relación a otras personas o situaciones. Surge de forma voluntaria y consciente, y por ello se valora tanto, ya que cuesta llegar a ella. Sin embargo, es una actitud y emoción positiva que anula la incertidumbre y deja las dudas de lado.

Si tuviera que definir lo colaborativo en una palabra, esa sería *confianza*. Para mantener una relación de confianza, debes tirar de tu capacidad de sorprender, que no es más que sobrepasar las expectativas de los demás, porque así demuestras que eres alguien en quien se puede confiar y que constantemente busca entender a las personas que están a su alrededor.

"Sin confianza, es difícil, por no decir imposible, mantener una buena relación."

James Hunter

5

Gestión de contactos

EN ESTA PARTE . . .

Has llegado a la parte más importante del libro, que se divide en la gestión de contactos a corto y a largo plazo. Si aceptas y asumes que intentas crear relaciones duraderas, estos dos tiempos se complementan, de forma que tengan un impacto real y verdadero, lo que te llevará a dejar huella gracias a una conexión efectiva y eficiente.

En esta parte del libro hallarás los aspectos más importantes de la gestión de contactos, desde lo que debes evitar, hasta temas como la selección personal y estratégica de las redes sociales como herramienta para gestionar y potenciar tu red y su importancia en el networking. Al final, descubrirás algunos trucos para conectar con las personas y pedir contactos.

EN ESTE CAPÍTULO

- La gestión de contactos como clave del networking
- Los *big daters*
- Las redes sociales como herramienta de networking
- Aspectos sobre reputación y huella digital

Capítulo 13
Aspectos clave

La importancia de la gestión de contactos

El networking es una actividad, un trabajo de acción continua que no termina al salir del evento. Una de las partes más interesantes es su mantenimiento, alimentar esta red, y esto se traduce en una gestión óptima de contactos, que además será necesario hacer de forma ágil. Esto implica compromiso, seriedad, honestidad, mucho tiempo y paciencia; no se queda en el evento.

Uno de los grandes desafíos a los que te debes enfrentar cuando decides hacerte cargo de tu red y desarrollarla es la gestión de contactos. Después de diseñar tu propia estrategia, y antes de comenzar a desarrollar tu red de contactos, es indispensable que la gestiones. Para algunas personas es una agradable labor, pero, para muchas otras, puede llegar a ser un trabajo muy pesado. La idea es que consigas hacerlo de forma recurrente y tan sencilla que llegues a convertirlo en un estilo de vida.

RECUERDA

Una excelente gestión no surge de la nada, de manera espontánea. Como cualquier otro profesional, un buen networker o creador de entornos no lo es por casualidad, sino por preparación, experiencia y dedicación.

¿Por qué es necesario mantener y gestionar a las personas que incluyes en tu red?

En primer lugar, porque el tiempo es oro, es uno de los desafíos a los que nos enfrentamos. En segundo lugar, porque la capacidad de nuestro cerebro para procesar información puede decaer cuando contamos con muchas fuentes de información, lo que dificulta su procesamiento. Por ello, la atención o falta de ella es clave cuando hablamos de la memoria de trabajo. En el apartado "¿Por qué la inmediatez?" del capítulo 14 encontrarás información sobre este punto.

A este nivel de la lectura ya sabemos que el networking es una actividad que se realiza de forma activa. Por ese motivo, te interesa desarrollar una red de contactos sólida. Algunas personas a quienes he acompañado y hemos creado juntos sus estrategias se incomodan cuando les comento que ambas acciones son incluyentes y están integradas, pues no ven el interés en mantener relaciones a largo plazo.

Este tipo de relaciones a largo plazo son más sólidas y de confianza, por lo cual nos favorecen y benefician mucho más. Esto es así, como cada una de las cosas que hacemos en la vida, es un compromiso. Por eso es indispensable integrarlo y asumirlo. Cuando integramos estas actividades, las transformamos en hábitos y rutinas, y lo podemos hacer de forma automática; por consiguiente, deja de ser un trabajo para convertirse en una actividad placentera de gran potencial.

La vida da muchas vueltas, y por más organizados y visionarios que seamos, no tenemos ni idea de lo que puede llegar a pasar en tres o cinco años, lo que carga de sentido este cometido. Por el contrario, si eres del tipo de personas —que no abundan, pero existen— que tienen definidos sus objetivos y saben dónde estarán y qué obtendrán en cinco o diez años, seguramente la gestión de contactos ya sea un hábito para ti.

Gracias a estas acciones pequeñas e inmediatas, la gestión de contactos se convierte en la etapa más importante del networking como actividad, la cual te permitirá fijar en la memoria sus caras, sus nombres y algún dato más, lo que en ese momento te permite presentarte formalmente para que tengas un impacto positivo a través de tu perfil, tu profesión o actividad. La gestión de nuestra red es un camino largo y sinuoso que requiere paciencia, tiempo y dedicación.

CONSEJO

La idea principal de la gestión de contactos es que conviertas en aliadas a esas personas con las que te vas encontrando y con las que puedas contar para un futuro proyecto, para el lanzamiento oficial de una startup, para que te recomienden a alguien, convertirlas en prescriptoras, que te conecten con algún colaborador o proveedor e incluso para que tú mismo le aportes algo en otro negocio o proyecto que pueda surgir de su parte en un futuro.

No te conviertas en un *big dater*

Este término lo utilizo para referirme a las personas que se dedican a repartir y recolectar tarjetas de visita de evento en evento. La creación de redes de contactos incluye el intercambio de información. El networking es una herramienta muy eficaz si sabes usarla. Si quieres desarrollar o proyectar tu negocio o carrera, será necesario intercambiar, escuchar e incluso proponer ayuda, siempre aportando valor a la red.

El networking no se improvisa; deberás asumir el reto de la gestión de contactos para que la actividad te aporte algo valioso y, de esta manera, logres vender y expandirte. De nada sirve ir a un evento de networking y asfixiar a los asistentes con tarjetas de visita o perder el tiempo con personas que no te aportan nada.

RECUERDA

El networking como actividad es marketing de persuasión que debes trabajar al detalle para que impacte y sea beneficioso. Centrarte en la calidad y no en la cantidad es la clave para que tu red de contactos sea la mejor; es preferible conectar de forma honesta y real con diez personas y no pasar por ser el repartidor de publicidad que pide tarjetas para su colección, lo que arroja como resultado un desastroso seguimiento, puesto que no recordarás sus caras ni sus actividades o los servicios que ofrecen. Además, resta puntos, con lo cual tu reputación baja de golpe en una etapa tan crucial como la de la primera impresión.

CONSEJO

Haz un seguimiento de esos contactos. De lo contrario, perderás la oportunidad de encontrar posibles clientes o negocios. El punto de partida de la relación profesional comienza cuando utilizas esos datos y los gestionas.

Las redes sociales

Los seres humanos, desde que existimos, hemos explorado e inventado nuevas formas de interactuar, de comunicarnos con los demás.

Las reglas del networking virtual son las mismas que las de la vida real. Sin embargo, creemos que es más fácil hacer piña a través de las redes sociales y su utilidad está comprobada, pero hay muchos que lo dudan. Los verdaderos negocios no se hacen vía Twitter ni Facebook, pero estas redes facilitan las relaciones que, en definitiva, son la clave del éxito.

RECUERDA

1. Detrás de cada cuenta y cada perfil, hay personas. Tendremos que actuar como personas y dirigirnos a personas.
2. Un buen networker sabe que las diferentes plataformas de redes sociales son herramientas de bajo coste y alto impacto, siempre que las utilice correctamente.

LA TECNOLOGÍA Y LAS REDES SOCIALES PERMITEN EXPANDIR Y GESTIONAR NUESTRA RED

FUENTE: Libro *Community Mannager para Dummies*.

Pedro Rojas, uno de los referentes del marketing digital en Iberoamérica; utiliza las herramientas digitales y la tecnología para crear redes y comunidades en torno a las marcas y a profesionales que necesiten posicionarse y proyectarse. En su libro *Community management para Dummies* comenta lo siguiente:

"Gran parte del éxito de las redes sociales se debe a que facilitan muchísimo entrar en contacto con otras personas; así que espero que te guste relacionarte [...].

A día de hoy, los usuarios ya han perdido el miedo a relacionarse a través de internet y han dejado de ver las redes como una amenaza a su privacidad. De hecho, cada día son más quienes usan la web 2.0 con una finalidad profesional, como una forma de detectar oportunidades laborales o de negocio".

Selección

La selección que hagas de esos espacios virtuales, a los que ya estamos tan acostumbrados, debe ser personal, sabiendo que cada acción repercute directa o indirectamente en lo profesional. Hoy en día existen muchas redes sociales y seleccionar aquellas en las que debes aparecer dependerá de tus necesidades, gustos y objetivos.

Las redes sociales profesionales se han convertido en las principales plataformas en las que puedes desarrollar, proyectar y posicionar tu marca personal y establecer relaciones de negocio vía internet. Insisto, se trata de relaciones, no de negocios. Hay diversas técnicas que pueden mejorar significativamente la visibilidad de tu perfil y ampliar tu red, y, por lo tanto, tu influencia.

Para elegir las redes sociales más adecuadas para ti, es necesario que tengas en cuenta estos aspectos:

1. El tiempo que quieres dedicarle: construir una comunidad lleva tiempo, no te precipites ni quieras abarcar mucho en poco tiempo.
2. ¿Quién se encargará de la gestión de las diferentes cuentas en las distintas plataformas? No es lo mismo que te encargues tú mismo de tus redes sociales, que contratar a una agencia o persona para su gestión.
3. ¿Dónde está tu audiencia o público? Dependerá del sector o especialidad y de lo dispuesto que estés a compartir con personas de diferentes especialidades. La comunicación será inútil si estamos en la plataforma equivocada.
4. Antes de darte de alta en una nueva red social, si ya tienes otros perfiles en algunas redes, comparte contenido de valor y crea conversación en esa comunidad que ya tienes, actívala y observa qué sucede. La idea es detectar qué resulta agradable y efectivo para ti y luego entrar en otras plataformas si es necesario y quieres obtener buenos resultados.
5. Observa el comportamiento de cada una de tus redes sociales. Cuando reactives tu presencia en ellas, podrás seleccionar mejor otras que te sirvan para complementar las que ya tienes y desarrollar tu red de contactos.

El éxito de la elección de las redes sociales adecuadas para la construcción de tu comunidad o red radica en que te sientas a gusto en esas plataformas, en la frecuencia con la que las uses —compartir contenido de valor para todos los que formen parte de tu audiencia—, y en aprovechar todas las ventajas que te ofrecen para gestionar e interactuar con tus contactos de forma profesional.

Clasificación de las redes sociales

Redes sociales horizontales

Las redes sociales horizontales no tienen una temática definida, se dirigen a un público genérico y se centran en los contactos. Ejemplo: Facebook.

Redes sociales verticales

Aunque las redes sociales verticales ganan diariamente miles de usuarios, se crean otras tantas especializadas para dar cabida a los gustos e intereses de quienes buscan un espacio de intercambio común. Ejemplo: Athlinks.

Redes sociales por temática

- **Profesionales.** Se presentan como redes profesionales centradas en los negocios y actividades comerciales. Ejemplo: LinkedIn.
- **Identidad cultural.** En los últimos años, se aprecia un incremento de referencia al origen por parte de muchos grupos que crean redes para mantener su identidad. Ejemplo: Spaniards.
- **Aficiones.** Se dirigen a los amantes de alguna actividad de ocio y tiempo libre. Ejemplo: Moterus.
- **Movimientos sociales.** Se desarrollan en torno a una preocupación social. Ejemplo: SocialVibe.
- **Viajes.** Aprovechan la facilidad para viajar y el desarrollo de los viajes 2.0. Ejemplo: Minube.
- **Otras temáticas.** Encontramos, por ejemplo, redes sociales especializadas en el aprendizaje de idiomas. Ejemplo: Busuu.

Redes sociales por actividad

- ***Microblogging.*** Ofrecen un servicio de envío y publicación de mensajes breves de texto. Ejemplo: Twitter.

- **Juegos.** Se reúnen usuarios para jugar y relacionarse con otras personas mediante los servicios que ofrecen. Ejemplo: Second Life.
- **Geolocalización.** También llamadas de georreferencia, estas redes sociales permiten mostrar el posicionamiento con el que se define la localización de un objeto, ya sea una persona, un monumento o un restaurante. Ejemplo: Foursquare.
- **Marcadores sociales.** La principal actividad de los usuarios de marcadores sociales es almacenar y clasificar enlaces para compartirlos con otros y conocer sus listas de recursos. Ejemplo: Delicious.

Redes sociales por contenido compartido

- **Fotos.** Ofrecen la posibilidad de almacenar, ordenar, buscar y compartir fotografías. Ejemplo: Flickr.
- **Música.** Permiten escuchar, clasificar y compartir música, crear listas de contactos y conocer, en tiempo real, las preferencias musicales de otros miembros. Ejemplo: Last.fm.
- **Vídeos.** Sitios web de almacenamiento de vídeos, que incorporan la creación de perfiles y listas de amigos para la participación colectiva mediante los recursos de los usuarios, y los gustos sobre los mismos. Ejemplo: YouTube.
- **Documentos.** Documentos de todo tipo en diversos formatos. En estas redes sociales podemos encontrar, publicar y compartir textos definidos por nuestras preferencias de una manera fácil y accesible. Ejemplo: Scribd.
- **Presentaciones.** El trabajo colaborativo y la participación marcan estas redes sociales que ofrecen a los usuarios la posibilidad de clasificar y compartir sus presentaciones profesionales, personales o académicas. Ejemplo: SlideShare.
- **Noticias.** Los servicios centrados en compartir noticias y actualizaciones, generalmente, son agregadores en tiempo real. Ejemplo: Menéame.
- **Lectura.** Estas redes sociales no solo comparten opiniones sobre libros o lecturas, sino que además pueden clasificar sus preferencias literarias y crear una biblioteca virtual de referencias. Ejemplo: weRead.

Para qué sirven las redes sociales cuando hablamos de networking

- Gestionar contactos, clasificarlos, tener sus datos, actualizar información y compartir con ellos en diferentes formatos.
- Proyectarte gracias a la interacción de forma no presencial con tu red de contactos y con una audiencia que puedes desarrollar.
- Fortalecer las relaciones a lo largo del tiempo.
- Gestionar contactos personales, pues son un espacio en el que interactuar con tus conocidos y crear grupos o nodos que te permitan seguir en comunicación con ellos, sin importar la distancia, o bien retomar el contacto con amistades que parecían olvidadas o perdidas.
- Gestionar contactos profesionales más allá de nuestra agenda en forma de libreta, agenda del móvil u hoja de Excel, y a la espera de alguna aplicación o recurso que nos permita gestionar nuestros contactos para fines de networking. Usamos las redes sociales a nivel profesional, ya que son plataformas sociales ideales para establecer conexiones potencialmente útiles que generen oportunidades de negocio, colaboración, proyectos, búsqueda de empleo y empleados.
- Generar nuevas conexiones. Lo más valioso de nuestra red son los contactos de tus contactos y ellos comenzarán a verte y seguirte a medida que compartas información de interés y generes interés en tu red. Por lo general, todas las redes sociales permiten la interacción entre sus miembros.
- Mantenerte actualizado sobre lo que ocurre a tu alrededor y en el resto del mundo, sobre tu sector y de otras especialidades. Actualizar y compartir información es un verdadero *think tank* en tiempo real en el que se comparte información.
- Encontrar información, preguntar sobre algún tema de tu interés, pedir consejos e incluso opinar sobre tal o cual tema.
- Autopromocionarse como individuo o empresa, compartir aquello que inspira al mundo, un don o talento especial con el que tienes la oportunidad de llegar a millones de personas gratuitamente.

» Acelerar tu marca personal o empresarial cuando usas las redes sociales para fortalecer tu reputación, y generar confianza y credibilidad.

CONSEJO

No delegues la gestión de tus perfiles en las redes sociales. Puedes hacerlo tú, y eso es lo ideal si tu vida personal y laboral te lo permiten. En caso de que no te lo permita, lo mejor es que un profesional o un *community manager* se ocupe; no dejes tus redes sociales en manos de tu vecino, primo, amigo o sobrino.

Revisión y optimización de perfiles

Si se usan estratégicamente, las redes sociales también pueden representar una gran oportunidad para acercarte e interactuar con tus contactos actuales o clientes potenciales y hacer crecer tu agenda, siempre con un lenguaje cercano y amable. De esta manera empezarás a conocer sus gustos y necesidades, lograrás conexiones reales y conseguirás que hablen bien de tus productos o servicios. Debes comenzar con aquellas redes en las que ya estás activo o tienes un perfil, para luego, si es necesario, tener presencia en otras.

Lo primero que debes hacer es revisar tu perfil y actualizarlo cuanto antes, para que la información que transmitas sea correcta y responda a tu marca personal. Será necesario mostrar una coherencia de identidad en cada sitio y plataforma desde donde emitas los mensajes, incluso offline.

Reputación = Claridad + Coherencia + Constancia

ADVERTENCIA

Los perfiles cerrados y blindados (las llamadas cuentas privadas) generan desconfianza. No eres visible, es decir, tienes mucho que esconder, lo que se traduce en una persona con la que no podemos interactuar y eso genera desconfianza. En el mundo actual, si quieres crearte una red de contactos, debes estar disponible y visible. Si, por el contrario, el no tener presencia en las redes forma parte de tu estrategia, será necesario que estés muy activo en la vida offline.

Huella digital

Lo mismo que hacemos en la vida real lo aplicamos a la virtual. Formamos o pertenecemos a grupos o comunidades para relacionarnos y socializarnos, y esto sucede igual por internet. Se trata de sentido común, buenas prácticas y responsabilidad para dejar una huella digital impecable o, por lo menos, que quede la que decidas dejar.

RECUERDA

Solo los *influencers* se pueden permitir el lujo de no seguir a esas personas a las que han estrechado la mano. Muchos se toman un tiempo, de ahí la importancia de estar activo y hacerte visible. Además, la mayoría llevan mucho tiempo en estas redes y son *influencers* porque han hecho su trabajo a lo largo de los años. Nosotros aún no somos influyentes, así que nos toca dar el primer paso sin esperar nada a cambio, pero sabiendo que, si estás activo y tienes una estrategia, esto forma parte de esa labor de hormiguita. La idea es desarrollar tu círculo de influencia.

Un perfil óptimo debe estar actualizado y activo. Por regla general debe incluir:

- Nombre y apellidos.
- Nombre de usuario personalizado o lo más neutro posible.
- Biografía o minibiografía del perfil atractiva; preséntala de forma esquemática.
- Información real y certera.
- Utiliza todos los espacios disponibles que te permita cada red social según su formato.
- Ciudad de residencia.
- Enlaces a tu web o blog y alguna red social que te interese.
- Fotografía o avatar profesional centrada en el rostro, que se distinga y sea nítida.
- Utiliza la misma imagen en todos los perfiles de redes sociales.
- Si tienes un eslogan o mantra, colócalo.
- Cuenta una historia textual y visual en la imagen de cabecera. En esta sección puedes colocar tu logo, fotos haciendo tu actividad y completarlas con tu mantra o eslogan personal.
- URL personalizadas de todas las redes sociales que puedas.

» Encuentra un equilibro ideal entre la vida real y la virtual (personal *vs.* profesional & individual e íntimo).

Apps y plataformas de networking, *matching* y gestión de contactos

Los avances tecnológicos son exponenciales, lo que significa que las aplicaciones o plataformas que existen hoy posiblemente dejen de hacerlo en uno o dos años. Las redes sociales son indiscutiblemente los espacios online que permiten encontrar contactos, pero cuando hablamos a nivel profesional y de redes de contacto, LinkedIn y las plataformas de búsqueda de empleo, junto a otras dirigidas a hacer networking online, son las más conocidas y utilizadas con este fin. Hay muchísimas y están dirigidas a un nicho o fin específico, pero, al final, se trata de conocer a gente, conectar con aquellos de tu sector, especialidad o afinidad, para objetivos muy variados.

Por su parte, existen las aplicaciones, unas con más éxito que otras. Quizá pienses que las apps desaparecerán pronto o que tomarán una forma diferente como resultado de fusiones entre diferentes apps, tecnología y dispositivos. En el mercado encontrarás una gran cantidad de apps. Algunas te ayudan a conectar con personas que están a pocos kilómetros o metros, como es el caso de la app de **LinkedIn**. También existe **Ripple**, una red profesional creada por la gente de Tinder. **Shapr** es una app que te sugiere perfiles profesionales inspiradores que pueden interesarte según la información que hayas cargado y te muestra su localización, ya que la idea es desvirtualizar y que puedas conectar con las personas en la vida real.

Las hay también que permiten gestionar contactos y compartir pasiones, como es el caso de **Plentie**. Otras sirven como asistentes personales, y algunas funcionan para captar información, ya sea escaneando tarjetas de visita, como es el caso de **DZero Networking** o **Scratch Connect** que, gracias al reconocimiento facial, el móvil de cada uno de los interesados escanea la cara del nuevo contacto, lo registra, lo guarda y, a partir de ahí, se gestiona esa relación y el contacto. La inteligencia artificial está permitiendo que grandes empresas como Amazon y Google también nos propongan sus asistentes virtuales, que nos ayudarán a gestionar ya no solo los contactos, sino nuestras agendas y una enorme cantidad de tareas cotidianas.

EN ESTE CAPÍTULO

Importancia de la inmediatez en la gestión de contactos

Claves y consejos para esta primera etapa

Capítulo 14

Gestión de contactos a corto plazo

En esta etapa te contaré cuáles son las mejores claves para contactar con esas personas con las que te encontraste en algún evento, reunión, cóctel... Es importante no dejar pasar mucho tiempo, ya que la información debe estar fresca. Esto se hace con el fin de conseguir que esos contactos puedan recordar tu cara, la conversación tan agradable del día anterior, y además porque tendrán tu tarjeta de visita a mano. En definitiva, facilitarás que te incluyan en su agenda de contactos con alguna referencia.

¿Por qué la inmediatez?

¿Por qué es tan importante hacerlo a las pocas horas o al día siguiente? Gracias a los avances de las neurociencias, diversos estudios confirman que los seres humanos tenemos varios tipos de memoria. Cuando hacemos networking, se activa la memoria de trabajo, como una memoria virtual conocida como *working memory*.

La memoria de trabajo, también conocida como memoria de almacenamiento temporal o memoria a corto plazo, se caracteriza por verse íntimamente afectada por la atención. Es decir, cuando no estamos en un ambiente ideal, en un entorno en el que no corremos peligro o que no estamos realizando una actividad vital a nivel físico o social, se activa la *working memory*. Al cabo de unas horas o días, esa información la perdemos. Lo que afecta principalmente a esta memoria es la atención; por eso, cuando acudimos a un evento y nos encontramos con una cantidad de personas nuevas, nuestra atención se dispersa y no está al 100 % en ninguna de las conversaciones y encuentros que tengamos.

¿Sabías que solo percibimos lo que está en nuestro foco de atención?

Además, existen diferentes procesos de atención que requieren de sistemas cerebrales muy complejos. Es cierto que la atención es un recurso muy valioso, pero sus capacidades son limitadas, y además, dependiendo de las actividades que hagamos, se activa uno u otro sistema de atención. Como proceso cognitivo, es clave para llevar a cabo las diferentes actividades que hacemos diariamente. Gracias a la atención, accedemos de forma puntual, según el caso, a ese mundo que se mueve a nuestro alrededor. La atención filtra infinidad de señales que recibimos del medio ambiente, toma y expande las más importantes y suprime las irrelevantes. La memoria de trabajo es muy astuta eliminando y filtrando información.

Esta es la razón científica por la cual expertos en PNL, networking, *coaches* y tantos otros nos recomiendan tomar notas. Es muy importante anotar, pero a veces ni siquiera esas notas te darán la pista, porque esas notas que has tomado también se verán influidas por la atención. ¿Y cómo vas a recordar algo a lo que no has prestado atención?

RECUERDA

Quizá tengas una memoria perfecta, pero seguramente tu interlocutor haya estado en el evento con esta memoria virtual activada, y eso no te conviene.

La gestión de contactos debe comenzar al surgir un primer encuentro, intercambio de ideas o tarjetas, junto a una conversación en un ambiente distendido, de manera que se vea reforzada con la etapa de seguimiento a corto plazo, para que la gestión de ese contacto a lo largo del tiempo convierta a estas personas en colaboradoras, socias, clientas, usuarias o prescriptoras. Lo mínimo que puede pasar a corto plazo es que se cree una amistad de esas valiosas que, a veces, nos remite la vida.

¿Por qué olvidamos los nombres?

En varias ocasiones, Facundo Manes se ha referido al hecho de que los seres humanos recuerdan eventos del pasado gracias a que crean una imagen, tomando diferentes elementos de una situación determinada y uniéndolos. Destaca que el cerebro no puede recordar todos los detalles y, por ello, solo toma algunos aspectos para formarse una imagen referente y diferentes imágenes aisladas del pasado gracias a la asociación de esas imágenes y sus contextos.

Para Manes, los recursos cognitivos del ser humano son limitados, y la memoria es algo sumamente complejo para el procesamiento cerebral. El cerebro tiene billones de neuronas que realizan multitareas, y a esto se le suma la necesidad de recordar. Para ello, hace maniobras muy complicadas cuando se dispone a recuperar recuerdos, y toma atajos para reconstruir la escena o imagen que mejor represente ese recuerdo.

Gracias a esta complejidad cerebral —es decir, la labor de recuperación por asociación— la tarea de recordar nombres es tan difícil. En el caso, por ejemplo, de necesitar recordar un nombre, aumenta el grado de dificultad, pues la memoria no tiene a mano datos específicos almacenados en el cerebro para asociarlos.

Por otra parte, a medida que el ser humano se va haciendo mayor, la memoria comienza a eliminar algunos nombres. Gracias a esto los neurólogos detectan errores en la memoria. No obstante, aquí te dejo tres trucos o ejercicios que, según Facundo Manes, si los pones en práctica, estarás ejercitando la memoria y, seguramente, lograrás recordar mejor los nombres.

1. Repetir y verbalizar (en voz alta) varias veces los nombres.
2. Rimar objetos con nombres.
3. Asociar el nombre de la persona con el de algún personaje famoso, celebridad, amigo o familiar cercano .

CONSEJO

Es muy común que se olviden los nombres de las personas, así que no entres en pánico si te sucede, relájate e intenta preguntar con la mayor naturalidad.

Las tres acciones básicas para iniciar la gestión de contactos

Te incluyo aquí una lista de sugerencias para comenzar de forma óptima tu gestión de contactos:

1. Envía un correo introductorio, haciendo alguna referencia para ponerte en contexto, dando las gracias por la conversación e intercambio de ideas que habéis tenido en el evento o cóctel del día anterior. Coloca un enlace a LinkedIn o invítale a compartir en esa red social información profesional o dirígelo a tu blog, así como al resto de tus perfiles en redes sociales.
2. Sigue a estas personas en las redes sociales sin esperar un *follow*, simplemente síguelos. Es una forma de invitarles a descubrir tus perfiles y toda la información que compartes en el mundo online y de decir "¡Bienvenido!".
3. Si es posible, menciónalos en las redes sociales. Hoy, la gente está abierta a tomarse fotos y, al llegar a su despacho al día siguiente, encontrarse con una mención en Twitter, Instagram o Facebook. Estas acciones no son invasivas, siempre que reine el respeto y la cordialidad. Hay formas muy elegantes de hacer cumplidos profesionales. ¡Que no falten los cumplidos y agradecimientos!

Las 8 partes de un correo electrónico para la gestión de contactos

1. Asunto.
2. Saludo.
3. Agradecimiento.
4. Referencia, comentario, piropo, cumplido.
5. Obsequio-regalo.
6. Link a perfil de LinkedIn y/u otras RR. SS.
7. Despedida.
8. Firma electrónica.

En la siguiente figura encontrarás el ejemplo detallado de un correo electrónico que puedes usar como plantilla o cuando necesites visualizar y guiarte durante este primer contacto formal.

1	**Asunto:**	
		(Nombre de la persona) Saludo y datos de contacto
2	**Saludo:**	
		Hola (Nombre de la persona)
3	**Agradecimiento:**	
		Gracias por tu tiempo
4	**Referencia, comentario, cumplido:**	
		ha sido un placer conversar (encontrarte, compartir, saber sobre tu proyecto) ayer en (nombre evento).
5	**Enlaces a los diferentes perfiles:**	
		Te dejo link a mi perfil de LinkedIn `https:es.linkedin.com/in/TuUsuarioPersonalizado` de cualquier forma me puedes encontrar en Facebook: `https:/goo.gl/TuUsuarioPersonalizado` Twitter e Instagram: `@TuUsuario`
6	**Obsequio o regalo:**	
		Que sepas que una de mis máximas de vida es: "Las cosas son mejores compartidas". Así que es un placer compartir contigo la versión digital de mi libro (adjunto).
7	**Despedida:**	
		¡¡Bienvenido y gracias por ser parte de mi entorno!!
8	**Firma electrónica:**	
		Nombre, apellido y datos de contacto

FIGURA 14-1 Modelo de correo electrónico estándar

CONSEJO

Ten en cuenta la plataforma o vía de comunicación de cada uno de los contactos de tu red. Cada persona tiene sus propias preferencias para comunicarse. Hay quienes se comunican en directo por las redes sociales y nunca contestan a un correo. En el caso de la vía telefónica, es preferible utilizar herramientas como WhatsApp. Las llamadas telefónicas limitan la información que puedes enviar.

La idea es que te conviertas en un verdadero crack del networking tanto en el mundo digital como en el mundo terrenal, que sepas sellar de forma auténtica y natural todo tipo de encuentros. Debes convertirte en un claro ejemplo de coherencia on & off, contribuir con todo aquel que tengas la suerte de conocer. Recuerda que la presencia y el sentido del humor tienen mucho poder.

EN ESTE CAPÍTULO

12 pasos básicos para continuar con la gestión de contactos

Regla de las 3G

Los referidos

El anfitrión perfecto siempre se rodea de invitados perfectos

Capítulo 15

Gestión de contactos a medio y largo plazo

En esta segunda etapa de la gestión de contactos tendrás la oportunidad de identificar y clasificar a tus contactos según su sector e intereses. Sabrás cómo y cuándo te pueden ayudar, cuál es la forma más apropiada de interactuar con ellos, según su perfil, sus intereses y los tuyos, e incluso podrás depurar tu base de datos. Esta es una de las tareas más importantes. Se asume que, desde el primer contacto, conoces las actividades e intereses de esos nuevos contactos, si son influyentes o no, o, por lo menos, el sector o empresa donde trabajan y su estilo. Con todos estos datos, tendrás un sinfín de información profesional y aficiones, lo que te permitirá entrar al juego. ¡Manos a la obra!

12 pasos básicos para continuar con la gestión de contactos

Al igual que en otras disciplinas, internet y las redes sociales son dos herramientas que nos facilitan la gestión de contactos. Por ello, he creado una lista con 12 acciones on & off que puedes aplicar para establecer relaciones de confianza:

1. Pon en práctica todos los puntos de la gestión de contactos a corto plazo (punto anterior): es incluyente y debe integrarse obligatoriamente.
2. Menciona a esos contactos en las redes sociales cada cierto tiempo. Esto demuestra interés y respeto por sus aportaciones, les transmite interés.
3. Genera una conversación con ellos en las redes sociales, comparte contenido con tus contactos. Interactuar de forma esporádica es una forma de recordarles que existes y que, además, los lees.
4. Da *like* o *RT* a algunas de sus publicaciones; solo a algunas, para que no te conviertas en *spam.*
5. Envíales un correo para saludarles o felicitarles por algún logro o publicación, o envíales alguna noticia de su interés.
6. Cita y da las gracias a tus contactos regularmente en tus artículos, o escribe sobre su trabajo y sus aportaciones.
7. Crea grupos o participa en los grupos que ellos han creado. Por ejemplo, te recomiendo seguir a Álex López, experto en LinkedIn que maneja grandes grupos profesionales. Podrás aprender de él un sinfín de trucos para posicionarte y ser influyente.
8. Invita a estos contactos a eventos profesionales en los que participes, como oportunidad de reencontrarte e intercambiar intereses. Esto nos permite desvirtualizar la relación y se agradece un montón.
9. Queda con tus contactos para un desayuno, café o copas. Siempre es de agradecer. Hay personas que lo hacen muy bien, y esto permite sellar la relación.
10. Introduce y presenta a tus contactos a quienes creas pertinente.
11. Organiza encuentros esporádicos en pequeños grupos, por ejemplo, intercambios virtuales o presenciales con grupos de

master minds, ecoemprendedores, RR. PP., marketing digital, blockchain, inteligencia artificial, *e-commerce*, consumo responsable, recursos humanos, robótica, biotecnología, etcétera.

12. Asiste a las charlas de tus contactos, aniversarios, fiestas, presentaciones... Hay muchísimos encuentros profesionales y sociales en los que puedes hacer networking. Siempre podrás encontrarte a personas que has conocido en otro lugar, en empresas o instituciones de otros sectores o eventos hechos con este fin que organizan terceros. Son una excelente opción cuando comienzas con este proceso, ya que te pueden ofrecer algunas técnicas y trucos.

RECUERDA

En el mundo digital como en la vida real, al igual que en todo el proceso de networking, durante el tiempo de la gestión de contactos es recomendable conversar de forma apasionada. No hay nada peor que las conversaciones aburridas. Debemos conversar con entusiasmo, pero sobre todo sobre cosas trascendentes, de temas cargados de energía, incluso con sorpresas.

A medida que pase el tiempo, estos nuevos contactos te seguirán, generarás conversación, harán lo mismo contigo, pero lo más importante es que se convertirán en aliados, de esos de los que podamos presumir y mantener a lo largo del tiempo. Allí estarán y hablarán de ti gracias a la confianza y profesionalidad con que lo has hecho y que les has generado. Por último, recuerda dar las gracias siempre y resaltar las virtudes de tus contactos. A todos nos gusta que nos piropeen.

La regla de las 3G: *Good Project – Good Person – Good Timing*

Si eres de aquellos a los que se les da muy bien conectar a gente o trabajas en ello, este apartado te ayudará. Personalmente, esto de conectar a terceros se me da muy bien, me sale de forma natural. Lo importante es no caer en la trampa de "todo encaja con todo", porque al final el perjudicado serás tú mismo y no puedes permitirte dañar tu reputación. Aquí entran en juego el sentido común y un poco de cálculo, estrategia e intuición.

RECUERDA

Es importante ser un poco astuto a la hora de conectar a gente. He aquí la importancia de contar con una red de calidad basada en relaciones reales y duraderas.

Si te gusta el apasionante rollo de las relaciones públicas y además sabes que es necesario crear un círculo de influencia, este apartado te encantará, y seguramente pondrás en práctica la regla mientras hablas, conoces, participas u ofreces ayuda. No se nos da bien a todos, pues se requiere un mínimo de elegancia y *savoir faire*. Es cierto que hay personas que necesitan ayuda, pero es importante tener claras algunas pautas para conectar, ¿vale? Es tan simple como tener en cuenta estos tres aspectos: la persona correcta, con el proyecto correcto, en el momento indicado (buena persona, con buen proyecto, en el momento adecuado).

Good Project – Good Person – Good Timing

¿Y sabes qué es lo mejor de la regla de las 3G? La percepción que tienen sobre ti estas personas con las que conectas. Es algo invisible, y de eso va la buena reputación. Saber cómo conectar es un don. Si lo posees, tendrás un gran tesoro. Los buenos networkers desarrollan la habilidad de saber quién es quién, qué necesita cada persona, qué ofrecer a cada una y, sobre todo, a sus clientes potenciales. Esto no salta a la vista, nadie lo ve, es un trabajo que se realiza en la sombra, pero se transmite y se proyecta a la perfección.

CONSEJO

Esta labor debes hacerla con cautela. A veces, hay personas que no quieren que las ayudes, o no te lo han pedido. Es importante que respetes el espacio de cada persona y que sepas cuándo parar, es decir, hacerlo hasta cierto punto del recorrido.

Los referidos y el marketing boca a boca

Seguramente te parezca extraño el término "referido". Pues bien, para los profesionales de ventas y comerciales, es un término muy utilizado que ha sido potenciado por personas del mundo multinivel. Se usa por todo el mundo para referenciar, pedir referencias o referidos, es decir, para que te conecten, recomienden, introduzcan, presenten o te pongan en contacto con algún cliente potencial o persona de tu interés. Solicitar referidos es una de las técnicas más utilizadas, cuando se trata de hacer negocios directos. Algunos usan la palabra "negociación", pero las técnicas de negociación son completamente distintas, pues negociar es encontrarse para solucionar una situación en la que dos o más actores necesitan llegar a un acuerdo beneficioso para todos, por lo cual las partes pueden ceder, dar, proponer... ¡Que no te engañen! No es negociación, esto es venta pura y dura. En la negociación existen técnicas o pasos que se usan en las ventas para que el acercamiento tenga un toque de compromiso y, por lo menos, esa persona escuche tu propuesta. Luego, aplican otra técnica o pasos para llevar al comprador potencial a donde quiere el vendedor.

En las ventas y negocios, cuando solicitamos referidos y los encontramos, solo queremos cerrar una transacción. Por tanto, esta tarea debe hacerse de forma adecuada para que no tenga un efecto negativo. Tanto en la vida personal como en la profesional, la idea es ser sutil y hacer las cosas con encanto para crear relaciones de confianza, como lo hacen los empresarios, CEO y altos ejecutivos. Estas personas no hablan de ventas, sino de negocios y contratos, y lo hacen con amigos (contactos), no con referidos. Aunque en el fondo es lo mismo, este detalle marca la diferencia.

El tema de los referidos o contactos por referencia funciona mejor en unos sectores que en otros, pero los más potentes son los que obtienes cuando conoces a las personas, es decir, si llegas a conectar con alguien y creas con ella una relación de confianza. De forma casi mágica, algunas redes neuronales se activan diligentemente en esas personas y el efecto es que, de forma automática, la persona a la que pensabas pedirle referidos te los dará por propia voluntad. No solo eso, sino que hará el *lobby*, introducción o presentación con especial interés.

Grandes y prestigiosos grupos internacionales de networking utilizan una fórmula de presentación o discurso para darse a conocer. En este tipo de eventos o encuentros, se reúnen en grupos donde reina la diversidad, y pocas veces se repiten personas del mismo sector. Estas reuniones abundan y funcionan gracias al formato de discurso que utilizan para presentarse en cada una de ellas, sin importar el número de veces que asistan a estas, ya que es una forma de refrescar la memoria de los asistentes. Esta fórmula se usa sobre todo en este tipo de eventos, ya que el objetivo es que cada miembro se vaya a casa con algunos referidos para potenciales negocios o alianzas.

Veamos el formato utilizado por este tipo de redes, nodos o grupos que puedes integrar en tu formato personal, y aplicarlo en algunos eventos o encuentros de networking, como, por ejemplo, en un *speed networking*.

Introducción

- Nombre
- Posición + nombre de la empresa
- Ubicación de la empresa
- Visión general de los servicios

Contar una historia

Debe ser una historia relacionada con tu empresa o tus productos y servicios, el desarrollo de nuevos productos o algún desafío en la captación de nuevos negocios, pero sobre todo tiene que incluir tu experiencia solucionando los problemas de tus clientes.

Llamada a la acción

En un evento de networking, la llamada a la acción es una de las etapas cruciales que muchas personas omiten. Es importante dar la información precisa y decir exactamente qué buscas o qué necesitas.

CONSEJO

1. Utiliza este formato para tus introducciones y presentaciones. Usa la última parte, "Llamada a la acción", para exponer lo que necesitas en ese momento, ya que puede que estés frente a un colaborador o a un cliente potencial.
2. Plantéate escribir tus cuentos, anécdotas o historias por adelantado. De esta manera, sabrás a qué apelar según cada encuentro.

Pedir referidos es una acción poderosa para aumentar tu red de contactos; gracias a esto, puedes valorar el potencial de tu red. Cuando los networkers, autores y estudiosos del liderazgo y el *personal branding* hablan de la potencia de la red, se refieren a los contactos de tus contactos. Estas personas llegan a ti gracias a la relación de confianza y la calidad relacional que mantienes con tus contactos directos, sin importar que sea de carácter comercial, profesional o personal; por tanto, es la vía rápida que te acerca a los referidos que necesitas.

La idea es que tus contactos de primer grado (familiares, amigos, parientes y colegas) te conozcan lo suficiente como para darte referidos. Es decir, debes estar activo en la red: comparte, dialoga, interactúa de forma enriquecedora, aporta valor, que hablen de ti sin relacionarte con una venta. Cuando ya te conozcan y confíen en ti, podrás pedirles referencias o referidos.

En el mundo offline funciona de la misma manera. Lo vemos en clubes sociales y de negocios, cámaras de comercio regionales y binacionales, asociaciones, gremios y en formatos como *coworking*, campos tecnológicos, aceleradoras y otros programas de emprendimiento o lanzaderas de empleo. En estos espacios se crean ecosistemas en torno a los sectores donde se desenvuelven de forma natural, favorecen las relaciones de confianza, crean aliados y dan paso a negocios potenciales. Son grupos con diferentes intereses y temas, lo que los dota de un estilo muy particular que les permite desarrollar nodos de interés en diferentes formatos.

La mejor manera de obtener referidos

Si vas de evento en evento repartiendo o coleccionando tarjetas y pides referidos de buenas a primeras, te convertirás en el pesado del encuentro. Ivan Misner, fundador y *chief visionary office* de BNI International (Business Networking & Referals), afirmaba en `www.entrepreneur.com` que, para obtener referidos, lo mejor no es pedirlos, sino darlos. Así activa una energía única. Dar referencias o referidos despierta el marketing boca a boca y esto aporta un inmenso valor, ya que lo dota de auténtico poder.

> "Ofrecer referidos es una de las mejores maneras de comenzar a 'obtener' referencias."
>
> IVAN MISNER

Sé siempre el primero en dar, ofrecer, ayudar, presentar, introducir... Y no es más que dar referidos en lugar de pedirlos, hacer cumplidos profesionales, presentar e introducir a las personas recordando la regla de las 3G, ofrecer ayuda, aportar. Los referidos son una excelente opción si la sabes utilizar. En el networking, no deberíamos pedir referidos o, por lo menos, hacerlo con elegancia y discreción, sin preocuparnos, pues llegarán de forma natural.

Si asistes a eventos de networking de diferentes formatos, te darás cuenta de que cada grupo y evento tiene su estilo y forma de desarrollarse y de funcionar. Todos son diferentes, ya que dependen del sector, el tema y la calidad de la audiencia. Además, en cada grupo o nodo debe generarse una relación de calidad basada en la confianza para que algunos de sus miembros lleguen a darte referidos, pero lo harán, sobre todo al pasar la primera etapa, en cuanto los miembros de esos grupos se comprometan. Y ya sabes que para que alguien se comprometa debe confiar en ti, y para que alguien confíe en ti, ya sabes qué hacer, ¿no?

RECUERDA

Para que una persona pueda referenciar a otra, antes tiene que crearse una confianza mutua, y eso se agradece, sobre todo en estos tres casos:

1. Inmediatamente, dar las gracias a la persona que te ha facilitado el contacto.
2. Después de reunirte o conversar con el referido, ponerte en contacto con quien te ha facilitado el contacto para darle las gracias.
3. Si has conseguido los referidos que buscabas o has cerrado un trato o negocio, ponte en contacto con ambas personas, con quien te facilitó el contacto y con el nuevo referido que te ha recibido.

JON LEY Y EL *INFLUENCERS DINNER*

Ahora te hablaré de uno de los personajes que siempre nombro porque se ha atrevido a ser y hacer con su propio estilo y, además, es un referente del *savoir faire*. Jon Levy es uno de los *networker master* que más me gusta por su autenticidad y porque sabe simplificar las cosas. Es el creador de *Influencers Dinner*, que comenzó en 2009 en Nueva York, una especie de curso o *workshop* bajo el formato *secret dinner experience*, en el que participan unos veinte líderes y personajes influyentes de diferentes sectores: políticos, actores, escritores, funcionarios, empresarios, científicos... Acuden y se rigen por estas reglas:

1. Prohibido hablar de su carrera y vida profesional.

2. Prohibido decir ni compartir su apellido.

Fácil, ¿verdad? A partir de aquí comienza la noche en un ambiente diseñado por Jon para guiar a sus invitados. Desde el principio, todos participan en la preparación de la cena y, cuando se sientan a brindar y cenar en la mesa, se les permite hablar de su vida profesional.

¿Te imaginas todo lo que puedes compartir e intercambiar con alguien mientras preparas una cena? Una cena para veinte personas es

(continúa)

(continuación)

un trabajo que requiere tiempo y coordinación. Al participar todos, se genera un trabajo de confianza y participativo, de colaboración. ¿Sabías que la coordinación que se genera a partir de la sorpresa y el ambiente es de goce absoluto? Se realiza un trabajo en equipo que permite sacar a la luz nuestro tesoro, nuestras cualidades y aptitudes reales y profundas. En un ambiente con estas reglas y de estas características sale a la luz nuestro verdadero yo, pues nadie se esconde tras su título, por lo que pueden brillar nuestros verdaderos dones y talentos. De esta manera nos relacionamos tal y como somos con personas, sin pose, sin postureo, sin cargos ni títulos.

Podría decirse que Jon Levy es un ingeniero experto en comportamiento social, quien, de forma majestuosa, enseña y transmite su experiencia conectando de forma auténtica. Es la esencia pura de saber relacionarse, donde además sobresale la importancia de seleccionar a esos aliados. Es una forma muy potente de hacer networking y obtener referidos. Mira lo que dice una de las escritoras de *The New York Times* en un artículo de Richard Feloni para *Business Insider*, "Amazing things happen at this master networker's New York apartment" con relación a estas cenas y a los referidos:

"Creo que es la red por referencia, solo necesita de pocas y buenas conexiones en un primer momento. Y, luego, que estas buenas personas conozcan a más gente buena. Y una vez tengamos una masa crítica, la red se impulsa o proyecta por sí misma".

El invitado perfecto

Los anfitriones perfectos existen gracias a los invitados perfectos; es una regla general y natural. ¿Te has preguntado alguna vez por qué hay gente a la que invitan a todas las fiestas, eventos y quedadas?

Algo que siempre les ocurre a las personas bien posicionadas en su sector o especialidad es que comienzan a recibir invitaciones para todos los eventos. Hay *influencers*, celebridades, personajes políticos, intelectuales, científicos, empresarios y más; a estas personas les sobran las invitaciones. ¿Cómo lograr que te inviten a ti?

Esto forma parte de tu trabajo diario y a largo plazo; a medida que refuerces tu red de contactos y colabores con tu red, te irás posicionando y te comenzarán a llover las invitaciones. En un primer momento, verás cómo se incrementan las invitaciones a eventos como asistente, luego comenzarán a llover invitaciones como conferenciante y moderador. Sí, muchos serán gratis, pero, en breve, si has hecho bien tu trabajo, según tu sector y si forma parte de tu estrategia u objetivos, te llamarán para eventos en los que te paguen.

Esto ocurre de idéntica forma a nivel social, emprendes un proyecto u ofreces tus propios productos o servicios. Es cuestión de tiempo y, además de estar a la vista, mantenerte activo y aportar valor a tu red, es necesario que te conviertas en el invitado perfecto.

¿Qué tiene de especial un invitado perfecto?

- Responde a las invitaciones.
- Confirma su asistencia.
- Agradece la invitación.
- Agenda la invitación y se prepara.
- Sabe qué imagen quiere proyectar en los diferentes eventos, sociales o profesionales.
- Es puntual.
- Saluda a los anfitriones.
- En algunos casos, entrega algún detalle al anfitrión; en el 99 % de los eventos sociales y profesionales, tu presencia es el mejor regalo.
- Aporta valor.
- Sabe integrarse e integrar, es decir, presentarse y presentar a otros.
- Sabe hacer cumplidos profesionales.
- Sabe cuál es su rol y su papel en cada uno de los eventos a los que asiste.
- Se retira a tiempo.
- Da las gracias al retirarse.
- Envía una nota (correo) de agradecimiento.

Con el tiempo y la práctica, el invitado perfecto sabe escoger a los anfitriones perfectos. No importa a qué te dediques, el sector o actividad, si eres empleado, emprendedor, autónomo... Si estás leyendo este apartado, es porque te interesa crear relaciones duraderas y potenciar tu red de contactos.

RECUERDA

Se trata de ser el invitado ideal, convertirte en esa persona irresistible a la que todo el mundo quiere invitar.

El anfitrión perfecto

¡El anfitrión perfecto siempre se rodea de los mejores invitados!

Sé tú quien proponga y organice estos espacios para generar encuentros, conviértete en el anfitrión perfecto. No suelen ser los más populares, pero son aquellos con los que siempre da gusto encontrarse. Existen infinidad de formatos, somos muchas las personas que queremos compartir, conocer a gente interesante, mentes inquietas que buscan inspirarse y actualizar información. Incluye en tu red a personas valiosas, diferentes y entusiastas. Sin importar en qué etapa estés, propón esos espacios y encuentros. Puede ser un café, desayuno, cerveza, hacer un plan según tus intereses o los gustos de algunos de tus contactos, invitar a clientes para presentar un estudio del sector, convocar a una tertulia, montar una quedada para disfrutar de un espectáculo... Hay espacios donde celebrar una reunión entre amigos, así que atiéndelos lo mejor posible.

Tanto en el mundo real como en el virtual, una de las acciones de marketing y comunicación más poderosas que aplican grandes empresas, políticos, instituciones públicas o privadas, familias reales y no tan reales —como las nuestras—, religiones, gremios, ONG, gobiernos, emprendedores y comercio local, es crear sus propios eventos, encuentros, veladas, quedadas; esto es válido para lo profesional y lo personal.

Pero ¿cómo va eso del anfitrión perfecto?

Estas son sus características principales:

- » Sabe que la invitación se hace con tiempo.
- » Invita a personas que aporten valor.
- » Sabe recibir a su invitado.

- Agradece su presencia.
- Sabe hacer cumplidos.
- Propicia que sus invitados se conozcan.
- Genera conversación.
- Cuida los detalles.
- Hace sentir a sus invitados como en casa.
- Hace sentir importante a la gente.
- Sabe crear el ambiente ideal.
- Se despide y da las gracias a sus invitados.

PROTOCOLO Y ETIQUETA

María Álvarez, en `http://abcblogs.abc.es`

El verdadero origen del término "anfitrión"

Hoy les voy a contar el origen de la palabra "anfitrión", un término que hace referencia a la persona que recibe invitados en su casa y que nos sumerge de lleno en los relatos que más han trascendido de la mitología griega.

Anfitrión era un importante general tebano y rey de Tirinto que vivió en el siglo II a. C. Estaba casado con Alcmena, una mujer tan bella que llegó a enamorar al propio Zeus. El rey llevaba mucho tiempo ausente, ya que había salido a pelear contra los teléboas.
El todopoderoso Zeus se enteró de que Anfitrión regresaba vencedor y estaba acampado a poca distancia de su ciudad, así que adoptó su forma y se presentó ante Alcmena como el marido guerrero que regresaba triunfador a casa.

Alcmena, como es natural, recibió con alegría a su pareja y, según cuenta la leyenda, Zeus encadenó tres noches seguidas de manera artificial sin que se enterase ningún mortal para alargar su goce con la tebana.

Al llegar el día, Zeus partió, y horas después se presentó Anfitrión en persona. Y aquí comienza el drama, una historia que reflejó el comediógrafo romano Plauto en su comedia *Anfitrión*.

(continúa)

(continuación)

El rey se extrañó de la falta de ardor del recibimiento de su esposa. Esta, obviamente, no entendía la motivación de un marido del que supuestamente se acababa de separar tras una larga noche de pasión. Anfitrión creyó entonces no solo que su mujer le engañaba, sino que encima pretendía burlarse de él y, cegado por la ira, decidió matarla.

Ayudado por su criado Sosias, Anfitrión hizo una pira para quemar el torreón donde Alcmena había huido aterrorizada. En ese momento intervino Zeus haciendo que unas nubes apagasen la hoguera. Además, reconoció que había sido él el que había suplantado la imagen de Anfitrión y tomado a su esposa. El tebano no solo no se enfadó, sino que se mostró honrado por haberlo visitado y mostrado interés por su mujer. Anfitrión aseguró al dios que podría hacerlo cuando deseara. De la relación de Zeus y Alcmena nació Hércules.

Según la leyenda, por eso se llama *anfitrión* a todo aquel que abre su casa y comparte todo lo suyo con sus invitados.

Y dígame... ¿quién quiere seguir siendo definido como el perfecto anfitrión?

6

Los decálogos

EN ESTA PARTE . . .

Has llegado a la parte más auténtica y divertida del libro. Los famosos decálogos de los libros para Dummies son sencillos, rápidos de leer y ofrecen información relevante. En esta parte encontrarás consejos de algunos profesionales del liderazgo empresarial, estudiosos del networking y auténticos maestros conectores sobre lo que debes hacer y lo que debes evitar en eventos de networking, cómo relacionarte mejor, reflexiones sobre la colaboración e ideas sobre espacios o actividades que puedes poner en práctica para aumentar tu red de contactos.

EN ESTE CAPÍTULO

- No eres el único que comete errores
- Lo que no te esperabas y debes eliminar

Capítulo 16

Diez cosas que se deben evitar al hacer networking

El networking y la creación de redes es clave para el éxito, por lo que si asistes a eventos favorecerás estas interacciones que deben atenderse con mimo; para triunfar, necesitas de un trabajo constante y bien definido. Si has llegado a este apartado, posiblemente te interese hacer networking de forma recurrente. A pesar de ello, muchas veces el querer relacionarte y conocer a gente nueva te llevará a cometer errores que quizá saboteen el gran esfuerzo que has hecho. Por ello, en este capítulo, he listado los diez errores más comunes que debes evitar al hacer networking en tu día a día. Puede parecer lógico, pero muchos networkers cometen estos errores sin darse cuenta del alto coste que conllevan. No te preocupes, no eres el único; con saber cuáles son, identificarlos y estar alerta por si cometes alguno, conseguirás salvarte.

La timidez

Al principio, sobre todo cuando no forma parte de tu día a día, el networking puede ser una pesada carga para ti; en casos extremos, puedes optar por decirle a un amigo que te acompañe, lo cual tiene ventajas y desventajas. Se trata de práctica y entrenamiento, y, con el tiempo, lo dominarás. Quizá no lo elimines por completo, eres humano, pero tu timidez quedará atenuada. En encuentros con grandes expertos de networking, relaciones públicas, diplomáticos y famosos confiesan que siguen pasando por esos momentos de incomodidad, es una condición natural y emocional. Así que no temas: en el resto de la sala hay muchos que están pasando por lo mismo. Atrévete a dar el primer paso, te lo agradecerán.

Si eres discreto, seguro que sabes lo que significa tener que hablar o iniciar una conversación, sobre todo en lugares donde no conoces a nadie. ¿Por qué debería ser un problema? Para romper el hielo, empieza con temas banales, no tan profesionales, e intenta que reine el buen humor y la genialidad. Siempre se agradece la gente que nos hace sonreír, además de que nos deja una marca, un recuerdo agradable.

Imponernos

No debemos imponernos ni obligar a los demás a escucharnos o compartir. Todos somos diferentes y tenemos gustos muy variados. Hay personas que tienen muy definidos sus objetivos, otras a las que, emocional e inconscientemente, les recordamos a alguien desagradable. Nos podemos encontrar con otras que no soporten nuestra forma de vestir. A mí, por ejemplo, hay tonos de voz que me disgustan e, inconscientemente, paso de esas personas. En muchos casos, me esfuerzo, pero eso no es recomendable, aunque la sociedad lo imponga como políticamente correcto. Si alguien pasa de ti, no te lo tomes a mal, sigue tu camino, sin prejuicios ni quejas, y ya verás cómo el evento o el universo, de forma mágica, te pone a las personas adecuadas delante para triunfar y disfrutar.

El "Ayyy, pobre de mí" y las quejas eternas

Quizá no es tu caso, pero es necesario que te alejes de estas personas, de cualquier forma. No caigas en la lista negra de aquellos que van por la vida como víctimas. La gente huye de los quejicas y de las víctimas, solo los verdugos se quedan al lado de las víctimas. Las personas con las que nos encontramos en el día a día no tienen por qué conocer tus desdichas. Cuando huyen y desaparecen no es porque estén en contra de ti, sino porque saben el tipo de personas que quieren tener a su lado. Permítete disfrutar de cada momento, de cada encuentro, de forma relajada, para que puedas conectar de verdad.

Noticias desagradables y chistes malos

Evita también los cuentos y noticias desagradables, son de mal gusto. En la vida, todos tenemos problemas, de diferente intensidad, no eres el único, así que fuera el drama y que reine el buen humor. Deja entrar la luz y la alegría a tu vida, que la diversión y la felicidad formen parte de tu estilo de vida. Ser positivo, saber que existen nuevas posibilidades y perspectivas, pero que dependen de nosotros, se trata de actitud. Cuando te sientes bien con lo que te rodea, los demás se llevan una impresión positiva de ti.

Monopolizar a tu interlocutor

Una de las mejores opciones en los eventos de networking es acercarse a grupos de tres personas. Pero no siempre es así, pues en muchos casos te encuentras con "los de siempre". Tu intención es conocer a varias personas y compartir con diferentes perfiles, así que ten cuidado y no monopolices a tus interlocutores, porque ellos también quieren descubrir a otras personas del evento. Seguramente no seas el único que quiere ponerse en contacto con alguien concreto. Puede que tengas mucho que contarle y sea la persona que necesitas, pero no insistas, no lo agobies, deja que converse con otros, disfruta del placer de compartir.

Enfocarte en los perfiles más altos

La gente influyente se mueve a otros niveles, tiene otra forma de ser y hacer, y aprecia mucho el valor del tiempo. Si, por ejemplo, sabes que a tu evento asistirá el rey, es una gran oportunidad, pero su tiempo es valioso y aún más el tuyo, por lo cual, estar en una esquina esperando para hacerte un *selfie* con él hará que pierdas la oportunidad de interactuar con otras personas. Recuerda, es una acción de marketing de persuasión, es necesario generar un impacto de calidad en el mayor número de personas que puedas.

Seguramente te interese ser el mejor amigo de inversores, directores de grandes corporaciones, ejecutivos de altos mandos..., pero si te limitas a buscarlos en eventos de networking, foros o congresos, y ellos son conferenciantes o invitados a compartir sus experiencias y conocimiento, será una ardua tarea. Búscalos en otros espacios o llama a su oficina para concertar una reunión; si tienes su correo, proponles tomar un café en lugar de captar su tiempo y atención en esos eventos. En fin, busca calidad en lugar de cantidad, o un simple *selfie*.

Esperar algo a cambio

El networking es como las inversiones, unas funcionan y otras no. Esta mentalidad no te lleva al éxito si eres de los que siempre apuestan, o peor aún, exigen algo a cambio. Por ejemplo, cuando alguien te pide que lo contactes con una persona, tal vez esta nunca te devuelva el favor, pero quizá lo haga con creces cuando menos te lo esperes. Aporta valor sin esperar nada a cambio, da por el placer de dar. Es una ley universal: ofrece en lugar de pedir, ya que la generosidad real mueve montañas. Aquí es muy importante que hayas diseñado bien tu estrategia de marca personal, ya que sabrás qué valor aportas al mundo. Ojito con esto porque, en definitiva, es más valioso lo que das al mundo que lo que le pides.

Compartir un contacto sin tener en cuenta la regla de las 3G

Compartir contactos sin su permiso, y sin tener en cuenta la regla de las 3G, puede hacer que alguien se arrepienta de formar parte de tu red. Aunque hagas estas conexiones con la mejor intención del mundo, es posible que la persona no lo sienta así. Hay quienes comparten sus agendas y contactos con profesionalidad y cuidado; otros comparten su base de datos entera y no se convierten en *spam*; pero los hay que las utilizan indiscriminadamente. Además, tendrán que soportar una gran cantidad de mensajes indeseados en la bandeja de entrada, o mensajes de pesados que envían por privado en las redes sociales.

Acercarte o interrumpir en un momento inapropiado

Hay lugares y momentos en los que no te gustaría que te interrumpieran, ¿verdad? Todos los tenemos. Cuando las personas están ocupadas, no prestan atención a lo que les queremos transmitir. Hay momentos para todo, incluso para hacer networking. No cometas el error de acercarte a alguien que está ocupado o mantiene una conversación con otra persona. Ni tampoco llames a horas intempestivas. Si no logras hablar con esa persona, una opción es invitarla a una reunión o encuentro futuro, lo que te permitirá preparar mejor tu discurso y la presentación, aclarar dudas y descubrir las verdaderas oportunidades para crear una nueva relación profesional y de negocio. ¿Cómo podemos identificar el mejor momento para acercarnos? Todo es cuestión de tiempo, práctica y observación. Si la persona está ocupada conversando, puedes hacerle un gesto para que sepa que te interesa hablar con ella, pero, mientras esperas esa oportunidad, sigue buscando otros perfiles.

No saber pedir u ofrecer

¡¡¡Una valiosa red de contactos hace milagros!!! Cuando aplicas la teoría de "dar-dar", que desplaza a la de "ganar-ganar", te puedes quedar con la boca abierta. Una de las premisas del networking es que las redes de contacto deben estar activas; para ello, hay que dar, aportar, contribuir, colaborar, hacer favores y ofrecer ayuda; pero también saber pedir. Y no se trata de pedir o ir en busca de la siguiente víctima, solicitar referidos a diestro y siniestro u ofrecer tu producto a todo aquel que encuentres. Se trata de saber dar y recibir, pedir favores y aquello que necesitamos. Los seres humanos tenemos una necesidad inmensa de ayudar y de sentirnos útiles. Casi todos tus conocidos estarían encantados de ayudarte. De ahí la frase popular que dice: "Pide, porque tú no sabes si están por darte".

A la hora de pedir ayuda, existen tres factores clave que no debes olvidar:

1. Sé preciso y claro con lo que pides.
2. No te conviertas en una carga, deja que te ayuden.
3. Sé receptivo, estate abierto a que te puedan ayudar.

Para Heidi Roizen, reconocida profesional del networking y profesora de Stanford, debemos aprovecharnos de la red, ya que, a veces, un contacto puede conducir a una presentación o abrir una nueva puerta. Saber pedir favores es clave, y será necesario convertirnos en personas fáciles de ayudar. Para ello, lo mejor es plantearse preguntas como, por ejemplo, "¿Cómo puedo pedirles ayuda de la manera más eficiente?", "¿Cómo puedo facilitarles que me ayuden?". De esta manera, podremos descubrir cuál es la forma óptima de pedir favores. Facilitar la ayuda es uno de los principios de los que la autora habla en sus clases y conferencias, pues hay muchas personas que entorpecen la ayuda.

EN ESTE CAPÍTULO

Mejorar el impacto al relacionarse

Optimizar las redes de contactos

Capítulo 17

Las diez cualidades de un networker exitoso

según Jacqueline Whitmore, (`www.etiquetteexpert.com`)

Seguramente, en diferentes partes del libro te has encontrado las palabras "sutileza", "distinción", "elegancia", "detalles", "*savoir faire*", "brillar", "pulir", "sacar brillo"... Y es que, entre el éxito y tu deseo por alcanzarlo a nivel profesional y personal, es necesario trabajar los detalles y las relaciones. Una de las características de las personas exitosas es que saben reconocer las oportunidades, y no puedes darte el lujo de dejarlas pasar por no estar preparado. Quizá no tenías los contactos correctos, intentaste llamarles, pero no respondieron, no esperabas un cambio de planes, una invitación, o no escuchabas a la persona que tenías delante.

La idea de Jacqueline Whitmore es que las personas logren cultivar lo que ella llama las cuatro cualidades *P* —Pulido, Presencia, Profesionalismo y Pasión—, más seis subcategorías que completan este interesante decálogo.

Pulido

Pule todo lo necesario para el éxito, es decir, prepárate para ello, refinando y sacando brillo a tu marca personal. Ten en cuenta tu estilo y tus gustos personales. La autora, experta en etiqueta, asegura que esto se logra cultivando relaciones profesionales con estilo, para que te recuerden con una imagen que responda a tus valores. Para ella, es importante:

- Que domines tus cinco formas de hacerte más memorable.
- Que aprendas y apliques las reglas básicas de etiqueta corporativa y social.

Jacqueline descubrió que, cuando las personas adquieren estas habilidades, son más conscientes de sí mismas, más seguras, se sienten más cómodas y pueden comunicarse mejor con los demás, de una manera auténtica.

Prepárate para el éxito

"Cuando mejora la imagen, mejora el rendimiento."

Zig Ziglar

Cuando te vistes bien, obtienes puntos extra. ¿Por qué? Porque nuestra forma de vestirnos y cómo nos comportamos comunica a los demás que somos competentes, que dominamos el tema, que somos elegantes, afables, poderosos o que poseemos cualquier otra cualidad que decidamos transmitir. La imagen potencia esa habilidad, servicio o producto que quieras presentar a una audiencia.

Sería ideal si todos fuéramos juzgados por nuestra inteligencia y experiencia más que por nuestro estilo y apariencia, pero la autora muestra una investigación que indica que, en treinta segundos, los seres humanos nos forjamos una impresión de la persona que tenemos delante gracias a su imagen, forma de vestir y características físicas. Justo antes de que las personas emitan un mensaje verbal, ya nos formamos una opinión sobre su nivel educativo, personalidad, nivel de carrera, competencias personales y mucho más.

Cultiva tus relaciones vip

Cuando se trata de hacer y mantener conexiones adecuadas, es importante que incluyas a los vip (*Very Important People*) en tu estrategia personal para desarrollar tus redes de contacto. Estas personas tienen el potencial de ser aliados poderosos que podrían ayudarte a alcanzar metas personales y profesionales. Los vip son personas ocupadas, su tiempo es oro y, debido a su éxito, probablemente puedan hacer más por ti de lo que tú puedes hacer por ellos. Estas relaciones toman tiempo, no las puedes acelerar, y será necesario que comiences cuanto antes, pues se requiere una gran preparación y paciencia para cultivarlas.

Presencia

¿Recuerdas el apartado donde abordábamos este tema al principio del libro? Exacto. Pues plantéate esta sección como un complemento de aquella información. Para la autora, la presencia no es algo que te pones por la mañana y te quitas o lo apagas por la noche; forma parte de tu esencia. Cuando se internaliza, emana desde dentro, reemplazando la duda y la ansiedad con empoderamiento. Otros se sienten atraídos por ti porque perciben tu autoconfianza y optimismo humilde.

Es evidente que tienes algo especial que ofrecer al mundo, además de uno o varios dones, esa forma única de llevarlo a cabo, de hacerlo a tu estilo y de manera singular. Los profesionales que poseen y utilizan su presencia son confidentes sin arrogancia, no son estrictos, son amables sin pretensión, con todos por igual, ya sean extraños o conocidos. Estas personas son capaces de expresar su gentileza con todos los que conocen: líderes, grandes empresarios e incluso porteros. Cuando cultivas tu presencia, atraes la admiración de otros. Todos querrán relacionarse, socializarse y hacer negocios contigo.

Hospitalidad genuina

Cuando las personas saben recibir a los demás de forma genuina, se genera una energía que emana desde el corazón y se convierte en agradecimiento y honor. Esta habilidad que se siente al instante y muestra al invitado el valor de la hospitalidad.

Es muy importante ser amable con los demás, sin importar quiénes son o cuánto dinero tienen, siempre haciendo y dando lo mejor de ti. Quienes desarrollan esta habilidad, siempre superan a cualquiera de su sector, independientemente de si son peluqueros, médicos, electricistas o empleados. Para optimizar esta habilidad, no te olvides de la simpatía: no solo tendrás a más personas de tu lado, sino que será más fácil atraerlas a tu red.

Deja que tu actitud conduzca tu altitud

El autor y profesor William Arthur Ward dijo una vez: "Si puedes imaginarlo, puedes lograrlo; si puedes soñarlo, puedes convertirte en eso". Lo que piensas afecta a cómo te sientes, y cómo te sientes afecta a tu comportamiento. Se trata de que te programes para ser agradecido y tener una buena actitud. La idea es que te perciban de forma positiva. Al ser positivo, incluso cuando las cosas no van bien o cuando tus planes salen mal, tu actitud dice mucho de ti, pues tu forma de reaccionar en tiempos de adversidad puede marcar la diferencia y la impresión que otros obtienen de tu persona.

Si quieres conectarte con triunfadores, busca a los del sector o especialidad que te interese, acércate con la mejor actitud y comienza a trabajar. Conecta y pasa tiempo con los grandes, con los exitosos, con aquellos a los que te quieres parecer. Si te rodeas de grandeza, solo podrás ser más grande.

La red más efectiva es la que puede darse el lujo de diezmar su capital social

"No hay nada más artístico que amar a la gente."

VINCENT VAN GOGH

La creación de redes no es un juego de números; no se trata de cuántas tarjetas de visita se reparten o recibes. Tampoco de cuántos productos puedes vender o a quién puedes impresionar, explotar o charlar para obtener lo que deseas. Una red de calidad es un proceso gradual que te permite crear conexiones genuinas con las personas y cultivar esas relaciones a largo plazo. Seguramente, en algunos eventos de networking, te habrás encontrado con personas que parecen depredadoras, aquellas que se acercan a sus objetivos como si acecharan a la presa. Como sucede en el reino animal, cuando los seres humanos sienten que van a por ellos, huyen para salvar sus vidas.

La solución para los tímidos

Si alguna vez te has sentido cohibido en eventos sociales, no eres el único. Según el doctor Bernardo J. Carducci, autor de *Shyness: A Bold New Approach* y director del Shyness Research Institute en Indiana University Southeast, casi el 95% de los seres humanos conocen de primera mano lo que significa ser tímido en algunas situaciones. "La timidez no es igual que la baja autoestima", afirma el doctor Carducci. "No es una enfermedad, un déficit de personalidad o un defecto de carácter." La buena noticia es que puedes ser tímido y sociable a la vez. En lugar de pasar breves momentos con mucha gente, la autora propone pasar tiempo con un número menor de personas cuidadosamente elegidas. Es importante comprender que puedes contribuir mucho más de lo que crees.

Disfruta de la profundidad de la diversidad

Es natural gravitar hacia personas que son como nosotros, pero es poco recomendable. En un evento de networking, cuando las personas que se conocen se agrupan, ignoran a todo y a todos los que las rodean. Para cada evento social al que asistas, te animo a buscar diversidad en tus conexiones. Preséntese a alguien que se parezca a ti, o alguien que te gustaría evitar o pasar por alto. Pregunta todo lo que puedas de esta persona. A medida que pase el tiempo, descubrirás que tener relaciones heterogéneas te aportará nuevas ideas, nuevas perspectivas y una gama más amplia de oportunidades.

Lidera escuchando

Los líderes conectan con todo el mundo a todos los niveles, buscan de forma activa la opinión de los demás, sobre todo cuando se trata del mundo empresarial y del trabajo en equipo. Siempre consideran las opiniones y sugerencias del grupo y solo ofrecen consejos cuando alguien se los pide. Es decir, estas personas escuchan más de lo que hablan.

Lo que diferencia a los líderes extraordinarios de los ordinarios es que los grandes trabajan en su habilidad de escucha todo el tiempo y, finalmente, todos lo notan. Si quieres que te consideren un líder eficaz, mejora tu habilidad de escucha. Podemos pensar que sabemos escuchar, pero pocos dominamos este arte. Seguramente te hayas encontrado con algún compañero de trabajo o jefe que presta más atención a sus documentos o a la pantalla del ordenador que a la conversación que mantiene contigo.

EN ESTE CAPÍTULO

Otros aspectos del networking

Otras formas de expandir la red de contactos

Capítulo 18
Las diez acciones para expandir tu red

según Herminia Ibarra

Herminia Ibarra destaca como uno de los diez pensadores de negocios más influyentes del mundo, es experta en liderazgo y desarrollo, y vicepresidenta del Consejo de la Agenda Global del Foro Económico Mundial sobre Empoderamiento de la Mujer. Es autora de varios libros, entre los que destaca su publicación más reciente, *Act Like a Leader, Think Like a Leader*, que ofrece una guía práctica para los líderes cuyas organizaciones necesitan dar un giro en tiempos de cambio. Actualmente, es titular de la cátedra Cora Chaired Professor of Leadership and Learning y profesora de comportamiento organizacional, desarrollo profesional y liderazgo en el INSEAD. Además, ha estudiado con interés la forma de relacionarse de sus estudiantes en la prestigiosa escuela de negocio.

Seguidamente encontrarás una lista de diez acciones que recomienda Ibarra con el fin de que puedas expandir tu red de contactos.

Mentoring

Dedica tiempo a mentorizar a una startup o a emprendedores que pertenezcan a tu sector o especialidad sobre algún tema que te apasione para que sea más efectivo y estratégico. Una de las formas más potentes de convertirte en *master mind* es transmitir toda la información que tienes, lo que sabes gracias a tu trabajo, y esa experiencia que te ha llevado a donde estás. Adquirir conocimiento es básico, es la parte filosófica; cuando la compartes, la masterizas, te conviertes en experto o especialista, en maestro. Esto te garantiza un aumento inmediato de tu círculo profesional, ya que estarás compartiendo sabiduría con personas de esos ecosistemas. Lo más interesante de mentorizar a emprendedores o startups es que te darás cuenta de que son estructuras muy ágiles, y eso se contagia.

Conferencias para conocer gente

Asiste a conferencias a las que nunca has ido, y permítete conocer al menos a tres personas ese día. Tres es un número pequeño y manejable, así que podrás asumirlo con facilidad. Si lo haces como un juego, será más divertido y alcanzarás tus objetivos. Las conferencias son actividades clave para ampliar tu red de contactos; es importante que, por lo menos, asistas a un seminario por semana. Este tipo de eventos técnicos y profesionales siempre aportan una visión diferente de lo que estamos haciendo y del mundo, mientras conoces a otras personas muy interesantes y expandes tu entorno.

No nos actualizamos y aprendemos gracias a internet, sino que lo hacemos cuando asistimos personalmente a seminarios técnicos y profesionales, en los que entramos en contacto con el mundo y se conectan nuestros cinco sentidos. Vale la pena asistir, ir al encuentro de cosas nuevas y personas que nunca imaginamos que podríamos conocer.

Crea un grupo en LinkedIn o Facebook

Abre un grupo de LinkedIn o Facebook. Sé el conector de este grupo y modera el contenido que se publique. Esto tiene mucho valor cuando se trata de tu marca personal, de mostrar tu experiencia y de posicionarte como líder. Aprovecha la oportunidad de ampliar tu red manteniendo el contacto con profesionales que compartan tu área de interés. Como eres el moderador, si los demás sienten que realmente te importan sus ideas, tu entorno se llenará de gente que aportará valor.

Pasa un día con un *millennial*

Pasa un día en compañía de un *millennial*, intenta obtener más información sobre cómo usa las redes sociales. Introducir esto como una práctica esporádica en tu vida, sobre todo cuando se trata de una generación tan intrigante, es un desafío brutal. Al conocer su forma de actuar y de pensar, su relación con el mundo digital y la tecnología, obtendrás información potencial sobre cómo destacar con tu presencia online y sabrás cuáles son las acciones necesarias para aumentar tus seguidores o gestionar a tus contactos de forma más eficiente gracias a algunas plataformas, aplicaciones u otras redes sociales. También aprenderás cómo se comportan los *millennials* en diferentes entornos, incluido el trabajo. Ah, y si eres uno de ellos, haz lo mismo con una persona de la generación que te sigue.

Ponte en contacto con un inversor

Ponte en contacto con un inversor de riesgo y descubre lo que piensa sobre el liderazgo y la innovación. Pregúntale sobre tendencias tecnológicas, su visión sobre los negocios, cómo se está transformando el sector... Interésate por su trabajo, hazle preguntas reales con la finalidad de aprender, pues es una forma muy valiosa de generar confianza y, por consiguiente, estarás cruzando la frontera hacia su red y viceversa. Como los inversores forman parte de muchas empresas y entran a círculos de negocio muy cerrados, crear una relación estrecha con ellos es la forma de optimizar tu red con propietarios de muchos negocios y con otros inversores.

Imparte clases en universidades

Imparte clases o un curso en la universidad y céntrate en aprender de tus alumnos. Dar clase es una experiencia de vida, es de lo más enriquecedor y la manera más efectiva de masterizar, de convertirte en maestro. Esta experiencia única fomenta la interacción y el intercambio, y arroja como resultado cambios significativos en tu estrategia personal.

Por otra parte, cuando impartes clases o cursos y te permites la reflexión o el intercambio de ideas con los alumnos, esto conduce a relaciones basadas en el agradecimiento y aumenta tu red de contactos de forma exponencial.

Ponente, orador, conferenciante

Participa como orador o ponente invitado en un evento local o nacional. Úsalo para construir o fortalecer tu marca personal en torno a un área de especialización. Prepara alguna presentación y ofrécete como ponente en diferentes eventos. Los asistentes a tus presentaciones cuentan con inquietudes parecidas y con proyectos que te interesan; por tanto, comparte buenas prácticas e intercambia mientras creas relaciones sólidas que, en un futuro, puedan transformarse en alianzas e incluso en posibles negocios.

Come con ejecutivos de la competencia

Queda para comer con un ejecutivo de alguna de las empresas de la competencia, un homólogo, y proponte descubrir su valor en el mercado. En la actualidad, son cada vez más las alianzas entre empresas, así que no dudes en proponer a tus pares de otras empresas una comida para conversar sobre sus estrategias. Una de las mejores formas de conseguir que alguien te cuente cómo han logrado el éxito de alguna campaña publicitaria o su posicionamiento en el mercado es comenzar con un cumplido y felicitarlos por ese éxito. Inmediatamente después, plantea la pregunta: "¿Y cómo lo habéis logrado?". Recuerda que estas cosas han existido siempre; no las vemos, pero en gremios, federaciones, asociaciones y cámaras de comercio se reúnen empresas de sectores específicos con este fin.

Comienza un blog y averigua quién lo lee

Comenzar un blog aumenta tu reputación y te permite llevar a tu terreno a personas con las que podrás expandir tu red de contactos. Crear un blog aumenta tu notoriedad y prestigio, y lo mejor es que lo haces a tu manera. El blog es una herramienta fabulosa que te permite conocer a gente y crear una comunidad a tu alrededor; además, compartes y divulgas pasiones, conocimiento, experiencias... es como tu laboratorio de ideas. Averigua quién lo lee y, de ser posible, quién lo desvitaliza... De eso se trata, ¿no? De aumentar tu red creando relaciones molonas.

Aprovecha tu próximo viaje de negocios

Aprovecha tu próximo viaje para volver a conectar con alguien a quien le hayas perdido la pista. Haz que esta persona te ayude a relacionarte con alguien nuevo, pues retomar esa relación puede traducirse en colaboraciones potenciales. Así, te das la oportunidad de refrescar la información y comenzar a aportar. El hecho de conocer a gente de tu ciudad, ejecutivos con los que alguna vez hayas estado en contacto, y que te metan en su círculo profesional tiene mucho potencial, ya que tu red se expande a nivel global, en un mundo donde se desvanecen las fronteras de negocios, laborales e intelectuales.

EN ESTE CAPÍTULO

Dónde nace lo colaborativo

Algunas premisas de lo colaborativo

¿Qué no es la colaboración?

Capítulo 19

Decálogo sobre la colaboración

En el capítulo 7 ya he hablado de la economía colaborativa. Me refería a esos nuevos actores que hay que tener en cuenta en esta era de cambios dentro de un mundo hiperconectado, con un sistema que se reajusta. También me he referido al desafío de ser arte y parte de la creación de una sociedad inteligente en la que se integran los retos personales. Por tanto, las redes son ese espacio-tiempo donde fluyen las ideas que quizá nos permita expandir la vida.

¿Cuándo somos o no colaborativos? Este decálogo ha surgido a partir de una reflexión sobre las redes, lo colaborativo y los networkers. Luego se convirtió en la charla tejeRedes, en la que participaron Cristian Figueroa —fundador de tejeRedes y experto en el trabajo en red y sistemas de articulación colaborativos centrado en las personas—, Esther Paniagua —periodista independiente—, Omar Cid y Pablo Reyes —ambos de Plataforma Aurea, quienes escriben y trabajan sobre la promoción de modelos colaborativos económicos y de gestión.

La colaboración es pura biología

La colaboración nace desde nuestro ser, es un acto y una acción que se desarrolla desde nuestra biología. De esta forma, la colaboración se genera desde la base del amor, es decir, es una relación de aceptación entre personas sin pedir nada a cambio.

Por el contrario, la colaboración sufre cuando funcionamos desde los egos (proceso de negación entre las personas). La colaboración se erosiona cuando colocamos delante de otras personas, por ejemplo, nuestra superioridad social, jerárquica, económica, intelectual, etc. Por eso, cuando tu ego ciega tu relación con otras personas, es normal que sientas ciertas molestias en el cuerpo (como si llevases una piedra en un zapato).

Por naturaleza, primero somos colaborativos

Al explorar las primeras prácticas desarrolladas por los seres humanos (recolección, la capacidad de comunicarnos e incluso la de reproducirnos), podemos plantear que, por naturaleza, somos seres colaborativos antes que individualistas.

A veces se nos olvida, ya que la evolución —desde el florecimiento de las comunidades agrícolas y el desarrollo de las creencias religiosas, hasta la Revolución Industrial— forzó a las personas a volverse materialistas.

La colaboración necesita de meditación

La sintonía colaborativa se logra cultivando nuestra biología y naturaleza en una escucha profunda desde nuestro aprendizaje. Una de las tecnologías con las que contamos para cultivar la colaboración y bajar el ego o el individualismo es el silencio, que se puede activar desde la meditación y la respiración.

Por eso, en las organizaciones, hay que activar prácticas de meditación, ya que permiten cultivar el silencio no desde la búsqueda de la falta de ruido, sino al generar el silencio del ego.

La colaboración es un proceso para ir juntos

Desarrollar procesos colaborativos, como definir un propósito común entre las personas, no implica que debamos mantener largas conversaciones asamblearias. Por el contrario, podemos usar metodologías colaborativas que permitan que todos puedan conversar para llegar a acuerdos comunes.

Es normal que, ante ciertos desafíos colaborativos, haya quienes quieran o puedan ir más rápido, pero también nos encontraremos con personas que irán más lentas. La colaboración necesita de un equilibrio justo, es decir, que los que van más lentos aceleren el paso y que los que van más rápidos frenen un poco para llegar todos a la vez.

Por eso, es deseable que todo proceso colaborativo disponga de tecnologías sociales que permitan crear gráficos de las conversaciones para tomar decisiones consensuadas.

La colaboración en la acción es diferente a ayudar, cooperar o competir

Existe una diferencia muy profunda entre colaborar y competir, pero también hay diferencias sutiles entre colaborar y ayudar o cooperar. La mayor parte de ellas se refieren a una actuación individual para ganar a alguien (competir) y, en otros casos, para echar una mano a otras personas (ayudar y cooperar).

En cambio, colaborar en el marco del hacer implica que nos ponemos de igual a igual entre personas con relación a un propósito para construir historias y acciones conjuntas con otros. Esas historias se basan en acciones que permiten desarrollar conexiones entre personas, compartir conocimiento o experiencias y desarrollar iniciativas que, en algunos casos, pueden ser con o sin fines de lucro.

Por eso, para que la colaboración florezca en las acciones de las organizaciones, es importante que las personas compartan un propósito y valores.

La colaboración requiere armonía

La colaboración no es precisamente dar para recibir. No puede ser una balanza o transacción: doy tanto y quiero tanto. El enfoque anterior forma parte de los principios del ego.

La colaboración es un balance en el que todos aportan para generar armonía en el sistema. Por eso, si una parte de la orquesta está tocando su propia música, deja de tocar y busca otra orquesta en la que puedas fluir con armonía.

La colaboración genera abundancia

Si todos los miembros de un proceso colaborativo nos dedicamos a realizar nuestra parte de la mejor manera, vamos a generar abundancia en el sistema.

Desde el ego, nos dedicamos a repartir la tarta del sistema, en el que cada persona se pelea por una porción del pastel. En cambio, en un sistema colaborativo, la idea es hacer que crezca el pastel.

Por eso, rompiendo los esquemas tradicionales de trabajar por dinero, las personas y organizaciones que funcionan desde la colaboración viven de la abundancia del sistema.

La colaboración va acompañada de transparencia

Sin transparencia no existe la colaboración o bien, en sus prácticas, cojean los procesos colaborativos.

La transparencia debe definirse en su marco, es decir, hasta dónde y cuáles son los elementos que dan sostenibilidad a la colaboración. Por eso, es una cualidad o valor muy delicado en el momento de ponerlo en práctica. No todo en la vida es absolutamente transparente, como no todo es absolutamente colaborativo.

La colaboración se celebra

Cuando las personas sienten que forman parte de la orquesta y todos llegan a buen término, desde nuestra biología y naturaleza, la reacción natural es sonreír y aplaudir. Celebrar es el mejor indicador de que la colaboración fluye.

Por eso, una organización o equipo de personas de índole colaborativo lo pasan bien, les gusta hacer lo que hacen y rara vez enferman.

La colaboración no es para todos

A algunas personas no les gusta o les cuesta mucho colaborar. El peor error es tratar de convencerlas u obligarlas a desarrollar temas colaborativos. Por eso, cuando empezamos a colaborar, es importante desarrollar un ciclo que nos permita probar, conocer y experimentar cada uno de los planteamientos del decálogo.

EN ESTE CAPÍTULO

¿Te has estado relacionando correctamente?

La forma de relacionarse puede cambiar

Cómo relacionarse mejor

Capítulo 20
Los diez trucos para relacionarnos mejor

según Cipri Quintas

Independientemente de cuál sea tu sector de actividad o los intereses que tengas para relacionarte, una buena red de contactos está colmada de relaciones excelentes. El networking y la creación de redes no es una disciplina que se aprenda en las universidades o escuelas de negocios; puesto que tienen un carácter emocional y un cargado aspecto afectivo, y además, estas relaciones deben darse particularmente en el terreno (cara a cara). Es decir, para que la creación y el desarrollo de las redes sea óptimo, debe ponerse en práctica. Estas son las razones por las que, en esta parte del libro, abordo los consejos para relacionarnos mejor de uno de los networkers españoles más auténticos, Cipri Quintas.

Aparta el ego

Para Cipri Quintas, los grandes egos esconden pequeñas personas y la grandeza del ser humano se demuestra sin gritar. No es necesario ir por la vida simulando ser quien no eres, aparentar ser y tener. Una de las recomendaciones que ofrece el autor en *El libro del networking* es que las personas, al conectar con otros, deben hacerlo desde sus talentos de forma auténtica, porque la grandeza no se simula, no hay que hacer esfuerzo alguno, ya que esta surge de manera espontánea cuando se aparta el ego. Transmite respeto por el otro y permite ver al otro de igual a igual.

"Si el ego no te deja ver a los demás, te estorba."

CIPRI QUINTAS

Conecta y posiciona a tus contactos

Uno de los aspectos más gratificantes del networking es conectar a unas personas con otras. Cipri Quintas lo llama "El acomodador". Es cierto que el autor cuenta con un don especial para esta labor y se le da con una facilidad abismal. No obstante, propone algunas claves para que lo hagas de la manera más acertada posible, ya que no solo se trata de conectar, sino también de posicionar a las personas:

- Elógialos y mímalos de verdad.
- Hazlo con humor y respeto.
- Engrandece a las personas.
- Destaca de forma sencilla y detallada sus principales atributos, talentos y aficiones.
- Transmite claramente aquello que os interese a ambos: negocios, proyectos, ideas...

El resultado de conectar es generar confianza y te garantiza que ellos, de forma desinteresada, te aporten también sus contactos, lo que, según el autor, te hará más rico, ya que la mayor riqueza son las personas, tus contactos y los contactos de tus contactos.

Haz que los demás se sientan bien

Mostrar a las personas que realmente te importan y que tienes en cuenta sus ideas es un desafío, pero hará milagros siempre que lo hagas con el corazón, mirando a los ojos, pues son la ventana del alma, junto con la intuición; los ojos sienten lo que no siente la razón.

Hacer que los demás se sientan bien es una inversión de bajo coste y gran impacto. Es importante valorar a las personas y transmitirlo de forma correcta, que se perciba y se entienda. Uno de los mayores obstáculos que te puedes encontrar cuando te decides a transmitir a los demás cuánto los valoras somos nosotros mismos, puesto que somos vulnerables y solo pensamos en nosotros, queremos protagonismo y esto nos frena. Pero no temas, pues al hacerlo crearás redes emocionales de lazos sólidos.

No siempre es fácil andar por la vida halagando y haciendo cumplidos a diestro y siniestro, pero intenta que se sientan lo mejor posible contigo.

"Invierte en relacionarte, es gratis y aporta grandes beneficios."

CIPRI QUINTAS

Hacer que los demás se sientan bien no cuesta mucho. Utiliza palabras amables, gestos y acciones simples para honrarlos. Lo peor que te puede pasar es que siempre quieran estar contigo, a las buenas y a las malas. Una llamada, una invitación, un correo o mensaje es muy simple y se agradece un montón. Utiliza siempre el buen humor y, si metes la pata, pide perdón.

Ayuda a que pasen cosas

Haz que sucedan cosas maravillosas, momentos, encuentros, experiencias en torno a diferentes actividades... Para Cipri, "Lo importante es la historia, no el reconocimiento". Aporta soluciones, espacios, crea el ambiente adecuado para que las personas entren abiertamente y pasen cosas.

Pregunta en qué puedes ser útil, no te limites. Se gana más invirtiendo en muchas relaciones que limitándose a unas pocas, y mucho menos si buscas un beneficio personal inmediato.

Saca el máximo partido de la tecnología

Sacar el máximo partido de la tecnología, sabiendo que complementa nuestras acciones y no nos limita a encerrarnos en casa, nos permite aprovecharnos de los beneficios y bondades de la tecnología para relacionarnos mejor, para crear una verdadera red. Cipri habla extensamente de cómo sacar provecho a la tecnología. En su libro detalla cada acción que realiza para la gestión de contactos y para crear verdaderas relaciones personales, sobre todo utilizando el teléfono y algunas aplicaciones de las más comunes, esas que usamos todos y que nos ayudan a crear y desarrollar nuestras redes de contacto sabiendo sacar provecho a los diferentes canales y herramientas disponibles con el objetivo de conectarnos como personas y no de aislarnos.

"Utiliza las redes para compartir, no para presumir.
Lo importante no es la cantidad de contactos, sino la relación que tengas con ellos."

CIPRI QUINTAS

Enriquece y comparte tu agenda

La palabra "enriquecer" se refiere a aportar más valor a tu agenda, privilegiar los contactos de calidad, lo que influye en la mejora de tu red, añade nuevos contactos a tu agenda, información relevante de cada una de esas personas que te ayuda a visualizarlos mejor, pero sobre todo se refiere a que, cuando tengas que compartir esos datos, sean correctos y puntuales (dirección de correo, número de teléfono, web de empresa, perfiles en redes sociales y notas específicas). Ya verás lo útil que te resulta a la hora de compartir y gestionar tus contactos.

Aquí encontrarás algunos consejos para sacar brillo a tu agenda:

1. Haz una inspección técnica de tu agenda para refrescarla y limpiarla.
2. Comparte tus contactos.
3. Al menos una vez al año, realiza el mantenimiento de tu agenda, elimina los contactos que ya no te aporten nada o no te caigan bien. Aprovecha para actualizar los datos y añadir nuevas etiquetas.

Huye de la gente tóxica

Cipri identifica en su libro algunos personajes con ciertas características que clasifica como tóxicos, con el fin de que puedas identificarlos y huir de ellos. Las personas tóxicas son aquellas que restan en lugar de sumar o multiplicar; a veces son víctimas, otras son acosadoras, algunas no saben estar solas. Son aquellos que se quejan y que todo les sale mal, su vida es una tragicomedia, en otros momentos es un drama... Cuando lavan el coche, llueve, y cuando sale el sol se les derrite la tableta de chocolate que llevan en el bolso. Algunos, dependiendo de su estilo o nivel de toxicidad, siempre están en el mismo estado, en su vida no hay momentos de gloria, hay pocas alegrías, no se permiten el humor.

Entre los personajes tóxicos, podrás encontrar lo que el autor llama "La galería de seres evitables". "El milibrista" siempre entra primero con el ego y luego le siguen el YO, yo, yo, yo, algo parecido al vendedor que suelta el rollo y siempre te cobra. "El opineitor" todo lo sabe y todo lo opina; "El alabeitor" es un alabador sin medida; "El sobrao" se exhibe detrás de lo material y superficial; y luego está "El medallista", que siempre te recuerda que te hizo un favor.

Estas son algunas de las personas más tóxicas que puedes encontrarte y lo ideal es que, en cuanto las pilles, las saques de tu camino y de tu vida, pues son vampiros energéticos.

Rodearte de buena gente

Así como es necesario evitar a la gente tóxica, no está de más insistir en que debemos rodearnos de gente buena y ser buenos. El autor hace especial referencia a las miles de personas que arriesgan su vida día a día, y cuidan y protegen a todos los miembros de la comunidad. Cipri los llama superhéroes y superheroínas públicos gracias a su vocación (policías, bomberos, científicos, profesionales de la sanidad...) y aportan valores a la sociedad. También considera buena gente a todas aquellas personas que, con gran coraje, se atreven a decir "te quiero", padres, madres y un sinfín de personajes heroicos. Cuidan de los nuestros, de los que están en nuestro entorno más cercano: hijos, padres, hermanos y amigos.

Aprende a reírte de ti mismo

Si vas de networking, ya debes tener claro que necesitas una buena actitud, paciencia y, sobre todo, buen humor. Y el buen humor comienza por ti mismo, por reírte de tus metidas de pata, de algunos defectos, de perfecciones e imperfecciones. El victimismo no aporta nada y el sufrimiento, menos aún.

La gente huye de las personas negativas y de las víctimas. Reírte de tus problemas hará que puedas encontrar respuestas o soluciones con mayor facilidad.

El autor recomienda clasificar los problemas o posibles problemas, pues muchas veces solo tienes que buscar una solución en lugar de regodearte en ellos. Hay que mirar el problema de frente e intentar solucionarlo, buscar ayuda y atacarlo directamente.

Por último, Cipri Quintas recomienda tener especial cuidado con los amigos y la familia para no perderlos por querer tener la razón.

Sé sincero y claro con los demás

Di las cosas con honestidad y respeto; se puede ser honesto sin faltar. Las personas que no tienen nada que ocultar generan confianza por su transparencia, pues no llevan una máscara para simular ser quienes no son. Será necesario que generes vínculos reales y honestos para relacionarte. El autor aconseja utilizar el buen humor; cuando tengas que decir alguna verdad dura, el humor te permitirá suavizarla. Lo que creas importante, coméntaselo a esa persona, si es realmente tu amiga. Ser sincero demuestra respeto mutuo.

Índice

A

agenda, 126, 153, 157, 206
  enriquecer, 77, 112, 130, 206
Albornoz, Luis Miguel, 117
Alcaide, Francisco, 39
alianzas, crear, 14, 43, 72, 79, 194
Álvarez, María, 174
amigos, 43, 96, 138, 140, 167. *Véase también* contactos cercanos
anfitrión perfecto, 125, 171-175
apps de networking, 155-156
Arcones, Ana Belén, 116
asertividad, 59
aspecto físico, 70-73
Aurelio, García de Sola, 117
autónomos, 1, 3, 13, 27, 76, 77, 139, 173

B

Barciela, Fernando, 80
Barrat, Christopher, 122, 136, 138
BCD del networking, 18-19, 45
  amplitud, 18
  conectividad, 18-19, 204
  dinamismo, 19
Bensaou, Ben M., 14
big dater, 131, 147
blockchain, 85-87, 165
blog, 154, 160, 195
Briceño, Alejandro, 116, 117

C

calidad de vida, 34, 85
capital relacional, 27, 37-38, 66
Carducci, Bernardo J., 189
carisma, 31
Chica, José Manuel de la, 116
Cid, Omar, 197
círculo de influencia, 12, 18, 20, 38, 47, 52-53, 154, 166
Claudia, Jonczyk-Sédès, 14
clientes, 12, 23, 44, 66, 95, 106, 110, 124, 126, 147, 153, 173
Coburn, Derek, 44, 124-126
coherencia, 69-70, 101, 108-110, 153
colaborar, 20, 21, 47-48, 81-82, 199. *Véase también* economía colaborativa
comunicación, 72, 78, 103, 104, 128. *Véase también* conversación
  externa, 37
  interna, 37
  no verbal, 69-70, 72
  problemas de, 37
  técnicas, 94
confianza relacional, 20, 27, 45, 69, 72, 93, 110, 115, 122, 138-141, 146, 170
  crear, 139-140
  niveles, 139-140
  pasos básicos para establecer, 164-165
conflictos de interés, 62, 80
constancia, 108-110, 153
contacto visual, 59, 69-70
contactos. *Véase* red de contactos
contactos cercanos, 18-19, 77, 207
Contreras Molina, Raúl, 116
conversación, 31, 34-36, 88, 122, 136, 165, 183, 199
  calidad de la, 35-36
correo electrónico para gestionar contactos, 160-161
creatividad, 28, 61, 86, 116, 132
cualidades P de un networker, 185-190
Cuddy, Amy, 71, 72
cursos, 134, 194

D

Danvila, Joaquín, 116
darse a conocer, 9, 27, 33, 78, 107, 128, 130, 167
defectos, 10, 98, 100-101, 189, 208
  combatirlos, 101
desconectar, 69
Dina, Yoni, 19
diplomacia corporativa, 26-27, 76, 78-80, 97

E

economía colaborativa, 27, 80-87, 197-201
empatía, 36, 60-61, 66-67
empleados, 27, 37, 66, 86, 95, 139
  y empresa, 26-28, 66, 116
emprendedores, 1, 3, 11, 15, 37, 43, 76-77, 82-85,

117, 133-134, 139, 173, 192
extranjeros, 29-30, 84-85
importancia, 84
empresarios, 22, 24, 27, 37, 80, 95, 136, 139, 167
espacios. *Véase* plataformas
Esteban Piñeiro, Javier, 117
estrategias, 14, 20, 106-107, 112, 128-129, 135, 194
eventos, 12, 16-18, 61-62, 112, 117, 121-126, 128, 130, 134-138, 169, 179, 194
efectividad, 123-124
nodos, 136-138
organizar, 125
participar, 121, 131
personajes en, 16-18
técnicas para asistir, 136
éxito profesional, 9

F

Facebook, 148, 150, 160, 161, 193
Feloni, Richard, 171
Figueroa, Cristina, 197
Filippi, Géraldine, 116
formación presencial, 134

G

gestión de contactos, 145-175
a corto plazo, 157-162
a medio y largo plazo, 163-175
apps, 155-156
redes sociales, 148-155
Gogh, Vicent Van, 189
Goleman, Daniel, 67
grandes corporaciones, 29, 77-79, 182

H

habilidades emocionales, 62-63
habilidades relacionales, 57-58
asertividad, 59
cortesía, 60
credibilidad, 59
empatía, 60-61
paciencia, 59-60
respeto mutuo, 59
saber escuchar, 58
saber estrechar la mano, 60
saber expresarse, 60
ser agradecido, 58-59
habilidades técnicas, 61-62
estrategia, 62
gestión, 61
marketing, 61
negociación, 62
psicología, 62
huella digital, 154-155
humor, 69, 162, 180, 181, 204, 205, 207, 208
Hunter, James, 141

I

Ibarra, Herminia, 11, 18, 45, 125, 191
identificar oportunidades, 11, 45, 105, 148, 183, 185
influencers, 29, 94, 154, 170-171
inteligencia artificial, 85-86, 155, 165
interactuar, 11, 40, 44, 71-72, 87, 109, 125, 148, 163, 182
intercambiar, 12, 34-37, 39, 72, 86, 158, 194
ideas, 34
información, 5, 70, 140, 147
internacionalización, 79-80

J

Jericó, Pilar, 35
Jong, René de, 117

K

Kuchkovsky, Carlos, 116

L

Laya, Mildred, 116
lenguaje corporal, 69-70
lenguaje no verbal, 69-70, 72
Levy, John, 170-171
líderes, 31, 79, 95, 118, 136, 190
LinkedIn, 126, 150, 155, 160, 164, 193
llamada a la acción, 168
Llopis, Ana María, 77
lobby, 76-80, 167

M

Manes, Facundo, 101, 159
Manfredi, Juan Luis, 76
marca personal, 78, 93-110, 114, 116, 118, 128, 153
consultores, 98
diseñar, 98-99
dones, 21,98- 99, 100, 187
etapas, 103-107
estrategia, 106-107
identificación, 103-104
personalidad, 105-106
gestión, 108

requisitos, 96
y personalidad, 109
marketing, 35, 61, 94, 97, 106, 147, 182
boca a boca, 166-168
Medina, Lorena, 22
memoria de trabajo, 146, 157-158
mentoring, 136, 192
metas, 62, 104, 187
mimetismo, 67
Misner, Ivan, 169

N

networker, 95, 124, 146, 148, 166, 168, 170, 185-190
cualidades, 185-190
entusiasta, 15
moderado, 15
purista, 16
networking
beneficios para las empresas, 29
como estilo de vida, 127
cosas a evitar, 179-184
definición, 11, 40
etapas, 121-123
fórmula, 19
objetivo, 12
plataformas, 131-135
preparación, 129-130
tipos de, 13
estrategias, 14, 104-105, 128-129
operacional, 13
personal, 13-14
ventajas, 18, 24-26
y emprendedores extranjeros, 30
y endogamia, 49-50
y lenguaje corporal, 69-70
y neurociencia, 65-73
y nuevas tecnologías, 85-86
y posicionamiento personal, 111-118
y redes sociales, 152-153
networking colaborativo. *Véase* colaborar
neurociencia, 60, 65-73, 134, 157-159
fortalecer las neuronas, 68-69
neuronas espejo, 67-68
nuevas tecnologías, 26, 78, 81, 85-89, 148, 155-156, 198, 206
chatbots, 88
internet, 87, 89, 98, 148-149, 154, 164, 192

O

Opton, Dave, 27
Óscar, Méndez, 117

P

Paniagua, Esther, 197
Pentland, Alex, 31
Pérez Ortega, Andrés, 95, 96, 104, 105, 114
perfil, 153-154, 182
de gestión de entornos, 37
definir, 107
plasmar, 107
y marca personal, 128
personajes influyentes, 26, 75-79,170, 182. *Véase también influencers*
personal branding, 94-97, 103, 109, 135. *Véase también* marca personal
Peters, Tom, 94
plataformas para hacer networking, 131-135
seleccionar, 135-136
Porras, Antoni, 11, 94
posicionamiento personal, 111-118, 140, 194
aportar valor, 115-116
mejorar, 112, 117
niveles o reinos, 114-116
participar en eventos, 117, 123-126, 131, 169, 179
presencia, 36, 27, 61, 70-73, 77, 94, 110, 129, 153, 162, 185, 187, 193
online, 94, 155
Preukschat, Alex, 87
pymes, 1, 23, 37, 77, 79, 108

Q

Quintas, Cipri, 135, 203-206

R

Ramachandran, V. S., 67
red de contactos, 4, 10-12, 19, 23, 33, 39-40, 44-53, 57, 71, 94, 107, 122, 139, 146-147, 191-195, 203
activa, 39-41, 52
ampliar y fortalecer, 93, 94
ejercicio para, 51-53
calidad, 46, 52, 58
coleccionar, 40
conocer gente, 135-136, 155, 173, 179, 192
el anfitrión perfecto, 173-174
el invitado perfecto, 171-173
evaluar, 50-52
expandir, 131-135, 146, 148, 171, 191-195
monótona, 40
potencial, 52
refrescar, 126
retomar, 126

sólida, 12
valor de tu, 45
vip, 37, 187
de calidad, 26. *Véase también* relaciones
gestión de, 5, 6, 10, 41, 44, 52, 140, 145-175
fases, 10
optimización, 10-11
para encontrar trabajo, 25, 26
creación y desarrollo, 122
red neuronal, 66-67
redes relacionales, 130-131
redes sociales, 31, 43, 94, 107, 148-155, 193. *Véase también* red de contactos; gestión de contactos
apps, 155-156
clasificación, 150-152
el anfitrión perfecto, 173-175
el invitado perfecto, 171-173
gestionar contactos, 164-165. *Véase también* gestión de contactos
revisión de perfiles, 153-155
selección, 149-150
y avances tecnológicos, 155-156
y networking, 152-153
referencias, 166-170
llamada a la acción, 168-169
obtener, 169-170
regla de las 3G, 165-166, 183
regla del 5 + 50 + 100, 53-54
relaciones. *Véase también* red de contactos
complejas, 78
diez trucos para relacionarnos mejor, 203-208
estratégicas, 52, 138-139
fortalecer, 39, 86, 94
fructíferas, 9, 18
personas influyentes, 12
personas tóxicas, 16, 52, 68, 207
aduladoras, 17
borrachas, 18
cotillas, 18
ególatras, 17
introvertidas, 17
parlanchinas, 17
quejicas, 17
personas relevantes o vip, 14, 187
sostenibles, 36, 115, 128
y bienestar, 65-66
relaciones de confianza. *Véase* confianza relacional
reputación, 108-110, 153
respeto mutuo, 59, 62, 69, 208
Reyes, Pablo, 197
Robinet, Judy, 52
Roizen, Heidi, 184
Rojas, Pedro, 148
Romero-Abreu, Daniel, 113, 118

S

saber escuchar, 34, 58, 68
selfworking, 93
sentido de pertenencia al grupo, 1, 29, 45, 58
sentido del humor, 69, 162, 180, 181, 204, 205, 207, 208
Sharma, Robin, 135
sinceridad, 208
sinergias, 11, 20, 49, 68
Souto Romero, Mar, 135
Stalman, Andy, 109
startups, 11, 23, 26, 43, 76, 79, 108, 117, 192
Strange, Susan, 76

T

talento, 21, 50, 98-99, 102
Tarde, Gabriel, 67
teoría de "dar-dar", 20, 184
teoría de "ganar-ganar", 20, 184
timidez, 37, 180, 189
solución para, 189-190
Torres, Gerver, 102
trabajo, encontrar, 25, 26, 28, 43
Twitter, 148, 160, 161

V

valores, 1, 11, 21, 34, 96, 105, 139, 186
vender, 12, 52, 62, 111, 122, 123, 130, 147, 189
Villoch, Nacho, 116
virtudes, 2, 21, 59, 98-100. *Véase también* defectos
voluntariado, 116, 134-135

W

Ward, William Arthur, 188
Whitmore, Jacqueline, 134

Z

Zavala, Santiago, 84
Ziglar, Zig, 186
zona de confort, 38, 68